U0593573

宁波市“一带一路”职业教育研究基地、宁波“一带一路”职业教育发展协同创新中心研究成果

# 丛书编委会

主　编：张慧波

副主编：吴翔阳　任君庆

编　委：

张慧波　吴翔阳　任君庆

岑　咏　王　琪　张　振

# “一带一路”职业教育研究蓝皮书·中东欧卷

“The Belt and Road”
Blue Book on TVET Research
· CEE

主编 ◎ 张慧波
编著 ◎ 任君庆 王 琪

厦门大学出版社 XIAMEN UNIVERSITY PRESS
国家一级出版社
全国百佳图书出版单位

**图书在版编目（CIP）数据**

“一带一路”职业教育研究蓝皮书. 中东欧卷 / 张慧波主编 ; 任君庆，王琪编著. -- 厦门 : 厦门大学出版社，2023.9

ISBN 978-7-5615-8859-8

Ⅰ. ①一… Ⅱ. ①张… ②任… ③王… Ⅲ. ①职业教育-研究报告-欧洲 Ⅳ. ①G719.1

中国版本图书馆CIP数据核字(2022)第214443号

---

出 版 人　郑文礼
责任编辑　牛跃天
美术编辑　张雨秋
技术编辑　朱　楷

---

出版发行　厦门大学出版社
社　　址　厦门市软件园二期望海路 39 号
邮政编码　361008
总　　机　0592-2181111　0592-2181406(传真)
营销中心　0592-2184458　0592-2181365
网　　址　http://www.xmupress.com
邮　　箱　xmup@xmupress.com
印　　刷　厦门集大印刷有限公司

---

开本　720 mm×1 000 mm　1/16
印张　12.5
插页　2
字数　205 千字
版次　2023 年 9 月第 1 版
印次　2023 年 9 月第 1 次印刷
定价　46.00 元

---

本书如有印装质量问题请直接寄承印厂调换

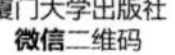

# 序言

2022年8月，习近平主席向首届世界职业技术教育发展大会致贺信指出，中国积极推动职业教育高质量发展，支持中外职业教育交流合作。中方愿同世界各国一道，加强互学互鉴、共建共享，携手落实全球发展倡议，为加快落实联合国2030年可持续发展议程贡献力量。职业教育作为一种教育类型，需要进一步扩大高水平对外开放，加强国际交流互鉴，推动"引进来""走出去"双向协同，提升国际影响力。

"一带一路"倡议自提出以来，大大提升了我国与沿线国家经济、政治、社会、文化以及教育领域的合作层次，推进了合作的深度，取得了丰富的合作成果，"共建'一带一路'成为深受欢迎的国际公共产业和国际合作平台"。中东欧国家作为"一带一路"沿线重要区域，是"一带一路"倡议的先行者和实践者。2021年2月，习近平主席在中国—中东欧国家领导人峰会上强调，中国—中东欧国家开拓思路、先试先行，率先探索跨区域合作同共建"一带一路"倡议对接，率先实现"一带一路"合作协议在地区全覆盖。2022年是中国—中东欧国家合作机制建立十周年，双方本着共商共建、务实均衡、开放包容、创新进取的合作原则，建立了以领导人会晤机制为引领，涵盖经贸、文化、教育、青年、科技、卫生、智库等20多个领域的立体合作架构，中国—中东欧国家合作成为具有重要国际影响力的跨区域合作平台。

宁波作为"一带一路"重要节点城市和中国—中东欧合作的

先发城市，已与中东欧各国的22座城市建立了友好关系，启动建设全国首个中国—中东欧国家经贸合作示范区，加快打造"三个首选之地"，即中东欧商品进入中国市场的首选之地、中国与中东欧国家双向投资合作的首选之地、中国与中东欧国家人文交流的首选之地。2021年，宁波与中东欧国家进出口总额达392.7亿元，同比增长40.4%，进出口金额占全国比重达4.55%。与此同时，宁波还积极推进与中东欧国家的职业教育合作，促进优质职教资源国际性流动，助力中国企业"走出去"，助推宁波城市国际化发展。目前，宁波已与中东欧国家100余所院校建立合作关系，教育合作实现中东欧国家全覆盖，成为我国推进与中东欧国家教育合作的重要城市。2014—2021年，宁波共举办七届中国（宁波）—中东欧国家教育合作交流活动，签署近110项教育合作协议，创办中罗丝路工匠学院，成立"一带一路"产教协同联盟、中国—中东欧国家职业院校产教联盟、浙江—中东欧国家教育智库联盟等合作平台。作为中国—中东欧国家务实合作的主要承载地，与中东欧合作已经成为宁波对外开放的一张金名片。

党的十八大以来，我国职业教育坚持贯彻人类命运共同体理念，以提高质量为主线，广泛应用数字技术，开展"线上线下"国际交流合作，推动"一带一路"职业教育国际合作走深走实，在促进人文交流、民心相通、共同富裕、可持续发展等方面发挥着重要作用。党的二十大报告提出，要"统筹职业教育、高等教育、继续教育协同创新，推进职普融通、产教融合、科教融汇，优化职业教育类型定位"；要努力培养造就"大国工匠""高技能人才"，"加强国际人才交流"。随着科教兴国战略和高水平对外开放的深入推进，职业教育在推动经济转型升级和技术技能人才国际交流方面大有可为。宁波与中东欧国家经贸合作需要职业教育做好支撑，宁波职业教育高质量发展也需要加强对外开放，与中东欧国家优质职教资源开展合作。宁波市“一带一路”职业教育研究基地开展中东欧国家职业教育研究正当其时、恰逢其势。本书选取了拉脱维亚、克罗地亚、罗马尼亚、塞尔维亚、保加利亚等8个中东欧国家，对其职业教育的历史、现状、体系、质量保障、特征、发展趋势等进行了细致分析，内容翔实，对借鉴职业教育发展域外经验、促进交流互鉴、推动中国—中东欧职业教育合作具有重要的现实意义。不足之处在于，本书对我国与中东欧国家职业教育合作的机制、策略、路径探讨不够深入，研究的应用性相对较弱，期待后续的研究能够进一步聚焦职教合作实践，将理论研究转化为应用对策研究，服务政府决策和院校实践，推动我国职业教育改革发展和高水平对外开放。

宁波市社科院（联）党组书记、院长（主席） 傅晓

2022年10月

# 目录

# 引言

中东欧国家一般是指捷克、斯洛伐克、波兰、匈牙利、罗马尼亚、保加利亚、阿尔巴尼亚、斯洛文尼亚、克罗地亚、波黑、塞尔维亚、黑山、马其顿、立陶宛、拉脱维亚和爱沙尼亚等16个国家。2012年4月26日，首次中国—中东欧国家领导人会晤在波兰华沙举行，共同成立并启动跨区域的合作平台。自平台成立以来，中国—中东欧国家合作已建立起以领导人会晤机制为引领，涵盖经贸、文化、教育、青年、农业、旅游、科技、卫生、智库、地方等多领域的合作架构，各领域合作成果丰硕，为深化中国与中东欧国家双边关系、丰富中欧关系内涵发挥了积极作用。

教育合作是中国—中东欧国家合作的重要内容，如2012年发布的《中国关于促进与中东欧国家友好合作的十二项举措》即包括向中东欧国家提供奖学金名额、加强高校校际交流与联合学术研究、举办“中国—中东欧国家教育政策对话”等内容，“中国—中东欧国家领导人峰会成果清单”包括《中华人民共和国教育部与保加利亚共和国教育与科学部2020—2023年教育合作协议》《中华人民共和国教育部与克罗地亚共和国科学与教育部关于相互承认高等教育学历学位的谅解备忘录》《中华人民共和国教育部与匈牙利外交与对外经济部关于匈牙利政府奖学金项目2020—2022年教育合作谅解备忘录》《中华人民共和国教育部与罗马尼亚教育和研究部关于相互承认高等教育学历学位的协议》等多项内容。国内各地方与中东欧国家的教育合作也不断发展，如宁波连续举办7届中国(宁波)—中东欧国家教育合作交流活动，签署近110项教育合作协议，年均师生双向交流突破500人次，建立了浙江—中东欧国家教育智库联盟等多边教育合作机制，建成波兰语、俄罗斯语等8个“一带一路”国家语言文化中心，塞尔维亚、斯洛文尼亚等8个国别与区域研究中心，以及宁波海上丝绸之路研究院等地方智库。此外，宁波自2014年起设立中东欧国家优秀来华留学生专项奖学金，新冠肺炎疫情前每年吸引200多名

中东欧学生来宁波交流学习。目前,宁波与中东欧国家近90所院校建立了合作关系,教育合作实现中东欧国家全覆盖,成为我国推进与中东欧教育合作的重要城市。

虽然中东欧16国职业教育发展存在一定差异,但共同特征也很明显。一是均秉持大职教的观念,强化职业教育的开放性,推动正规职业教育与非正规职业教育融合;与企业、社会组织等加强合作,强化和职业世界的对接与融合等。如波兰职业教育强化与产业界的对接合作,创新职业教育与产业融合的衔接机构设置,设置技能规划委员会、行业技能委员会和人力资本研究所等机构,推动职业教育与产业领域加强合作。二是紧密对接产业发展需求,积极引入产业新元素,培养符合市场需求的人才。如拉脱维亚职业教育紧密对接工业4.0发展的需求,加大信息技术在职业教育内容中的比重,开发在线数字化学习课程和培训材料;波兰将“面向工业4.0的职业教育发展”作为“需要国家干预的重点发展事项”,并建立技术技能需求的实时监测系统,全面了解面向工业4.0的职业发展趋势,以便职业教育更好地满足产业发展需求。三是积极推进职业教育国际化发展,加强国际交流,培养国际化人才。如克罗地亚、拉脱维亚等国加入伊拉斯谟+计划,推动教师和学生的国际交流。斯洛文尼亚的《职业教育法》《高等职业教育法》《成人教育法》等均将支持职业教育国际化发展作为重要内容,推动职业教育提供国际水平的工作和继续职业教育所需的知识和技能,培养能够融入欧洲分工的人才。四是重视国家资格框架的作用。如罗马尼亚、塞尔维亚、匈牙利、拉脱维亚、克罗地亚等多个国家均建立教育资格框架,完善资格体系,并与欧洲资格框架(EQF)对接,推动职前、职后职业教育衔接,以及本国与其他欧洲国家资格的互认。

2022年是中国—中东欧国家合作机制正式建立10周年。10年来,“中国—中东欧国家建立了以领导人会晤机制为引领、涵盖20多个领域的立体合作架构。一大批合作项目成果喜人,双方贸易额10年实现了翻番”①。随着经贸合作的深入,教育合作必将不断深化。为进一步加强对中东欧国家职业教育的了解,本书选择拉脱维亚、波兰等8个国家,对其职业教育发展进行全面梳理,为中国与中东欧职业教育实践合作提供认识基础。

---

① 董晓军.共谱中国—中东欧国家合作新华章[N].人民日报,2022-4-26(3).

# 第一章 波兰职业教育

1989年东欧剧变之后，波兰的社会制度发生了根本性变化，经济发展模式也发生了重大转变。大批国有企业私有化，新的企业主拒绝为职业院校提供支持，导致职业教育领域的校企合作举步维艰，严重影响了波兰职业教育的持续健康发展。直到2010年，技术技能人才供给与劳动力市场需求脱节、企业参与程度极低、教学设施设备落后、职业教育质量不高、职业教育社会地位偏低等仍是困扰波兰职业教育发展的严重问题。① 近年来，"职业教育变革"成为波兰官方政策文件中的"高频词"，并作为优先改革事项提上了议事日程。其中，人口数量减少导致职业教育生源不足、经济转型发展要求职业教育加快适应、职业教育社会吸引力需要进一步提升、职业教育毕业生的就业形势有待改善等是波兰职业教育系统变革的主要动因。波兰通过推动职业教育体系的结构性调整、完善职业教育专业与课程设置程序、优化职业教育产教融合的衔接机制、提升社会参与职业教育发展的积极性等关键举措推动了职业教育系统的变革。就未来走向而言，波兰的职业教育发展质量将日趋重要，职业教育4.0进程将备受关注，职业教育数字化趋势将不断加快，职业教育资源整合将持续强化。

## 第一节 波兰经济社会发展对职业教育的影响

波兰职业教育系统的变革受到政治、经济、文化和人口等因素的影

① H. Dębowski, W. Stęchły. Implementing ECVET principles: reforming Poland's vocational education and training through learning outcomes-based curricula and assessment [J]. Warsaw Forum of Economic Sociology, 2015(2): 113-133.

响,其中尤以人口因素和经济因素的影响最为直接和重大,人口数量减少导致波兰职业教育的生源相对不足,经济转型发展对波兰职业教育的适应性提出了新的要求。此外,人口因素和经济因素还导致波兰职业教育系统在社会吸引力与就业形势等方面面临挑战,职业教育社会吸引力需要进一步提升,职业教育毕业生的就业形势也有待改善。

## 一、人口数量减少导致职业教育生源不足

波兰是欧洲第六人口大国,也是中东欧人口最多的国家,其人口发展的两个显著特征是人口出生率的持续走低和人均寿命的日益延长,这导致了波兰人口老龄化程度的不断加深。2015—2019 年,波兰人口基本呈现负增长的态势,并且低于欧盟的平均水平(见图 1-1)。按照波兰的官方预测,2025 年波兰 0~24 岁人口将减少 100 万,比例降至 24%;2050 年波兰 0~24 岁人口将减少 300 万,比例降至 20%。适龄人口数量的大幅减少直接导致波兰职业教育生源的相对不足。2005 年以来,波兰高中及高中后教育入学率降低了 34%。较之普通教育,高中及高中后职业教育入学率下降幅度更大,降低了 35.6%。①

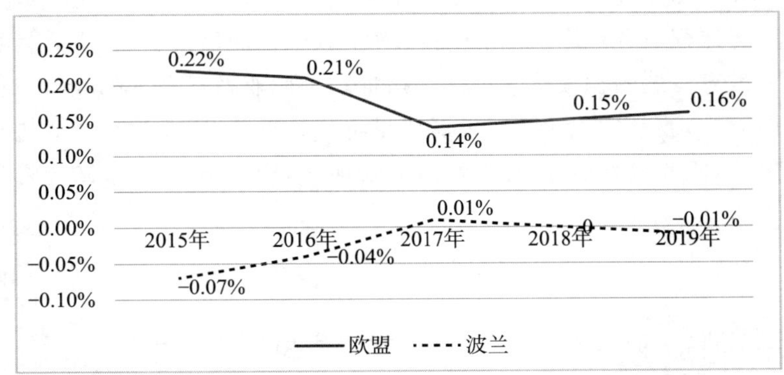


**图 1-1　2015—2019 年波兰人口增长年度百分比情况**

资料来源:世界银行.人口增长(年度百分比)[EB/OL].(2020-07-01)[2020-09-09].https://data.worldbank.org.cn/indicator/SP.POP.GROW?view=chart.

① Statistics Poland.ReferNet Poland calculations based on data from the local data bank[EB/OL].(2018-09-20)[2020-08-28].https://bdl.stat.gov.pl/BDL/start.

## 二、经济转型发展要求职业教育加快适应

历经数十年的经济转型，波兰的市场经济体制逐步完善。2015—2019 年，波兰保持良好的经济发展势头，GDP 增长率保持在相对较高的水平，高于欧盟平均值（见图 1-2）。波兰经济的快速发展对职业教育系统提出了新的要求，需要职业教育系统提供更多的高质量技术技能人才。波兰企业发展局（Polish Agency for Enterprise Development）2018 年的统计数据表明：波兰 96.2%的企业是微型企业，并且呈增长趋势；小型企业占比为 2.8%，大、中型企业占比为 1%。小微企业对波兰 GDP 的贡献比例高达 39%，并且提供了 52%的企业类工作岗位。[①] 然而，小微企业在人力、财力和物力方面皆处于弱势地位，在实习岗位供给和设施设备配置方面远远落后于大、中型企业。为了与小微企业形成良好的互动，波兰职业教育系统需要在人才培养方案、校企合作模式等方面做出适当调整与合理应对，以加快适应该国的经济转型发展需求。

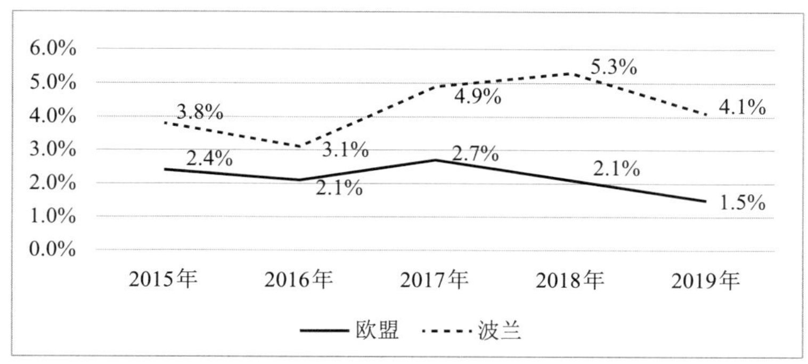


**图 1-2　2015—2019 年波兰 GDP 增长率情况**

资料来源：世界银行.GDP 增长率（年百分比）[EB/OL].（2020-07-01）[2020-09-09].https://data.worldbank.org.cn/indicator/NY.GDP.MKTP.KD.ZG?view=chart.

① PARP. Small and medium enterprises in Poland [EB/OL]. (2018-09-20) [2020-09-07]. https://www.parp.gov.pl/storage/publications/pdf/male%20i%20srednie%20przedsiebiorstwa%20w%20polsce%20w%202018%20r.pdf.

## 三、职业教育社会吸引力需要进一步提升

中等职业教育入学率的高低能够反映一个国家职业教育社会吸引力的强弱。20 世纪 90 年代以来，波兰高中阶段职业教育入学率呈下降趋势，从 1990 年的 72.8%降至 2017 年的 44.5%。与之相对，普通高中教育的入学率则呈上升趋势，从 1990 年的 22.3%上升至 2017 年的 40.2%（见图 1-3）。虽然近些年波兰高中阶段职业教育入学率略有提升，但其面临的形势依然严峻，前景仍然不容乐观。2016 年，欧洲职业培训发展中心（European Centre for the Development of Vocational Training）在欧盟 28 个国家开展了大样本的"职业教育意见调查"（Opinion Survey on VET）。面对"高中阶段职业教育在贵国 16～18 岁群体中是正面形象还是负面形象"的问题，波兰有 12.5%的调研对象选择了"非常正面"，低于 14.4%的欧盟平均水平。① 由此可见，进一步提升职业教育的形象和社

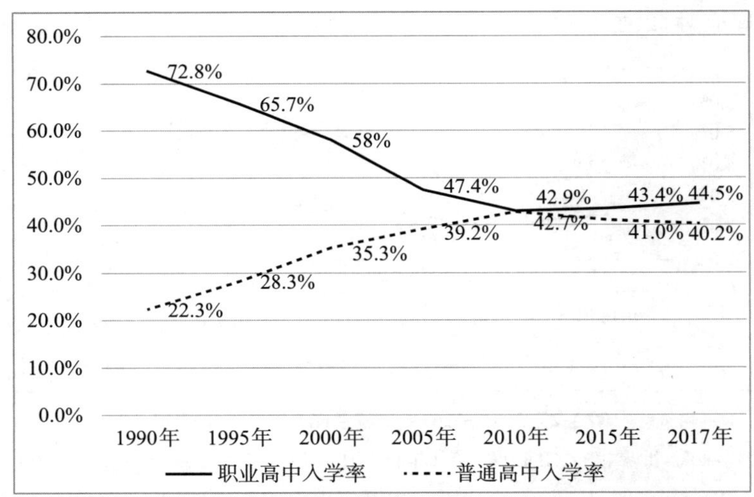


**图 1-3 1990—2017 年波兰职业高中与普通高中入学率情况**

资料来源：Central Statistical Office of Poland. Enrolment shares by type of education in upper secondary and post—secondary levels[EB/OL].(2018-09-20)[2020-09-14].https://bdl.stat.gov.pl/BDL/start.

① Cedefop.Opinion survey on VET-Q15. image of VET[EB/OL].(2016-11-09)[2020-09-23]. https://www.cedefop.europa.eu/en/publications-and-resources/data-visualisations/opinion-survey-on-vet.

会吸引力业已成为波兰职业教育系统变革的重点。

## 四、职业教育毕业生的就业形势有待改善

我们在考察波兰职业教育毕业生的就业率时，选取年龄在15至34岁之间，目前没有接受教育和培训且在最近三年内完成最高学业的青年群体作为研究对象。2015—2019年，波兰职业院校毕业生在毕业1～3年内的就业率呈逐年上升的趋势，基本与欧盟平均水平持平。然而，在经济体制结构和职业教育系统较为相似的维谢格拉德集团（Visegrád Group）中，波兰的此项指标远低于捷克、匈牙利和斯洛伐克三个国家（见图1-4）。在职业院校毕业生就业岗位与所学专业的匹配程度方面，欧洲职业培训发展中心的“职业教育意见调查”表明，波兰有34.7%的调研对象选择了“非常匹配”，低于37.4%的欧盟平均水平。[①] 这表明波兰职业教育系统在保障毕业生就业数量和质量方面依然存在较大的提升空间，亟须采取更加有效的举措进行变革。

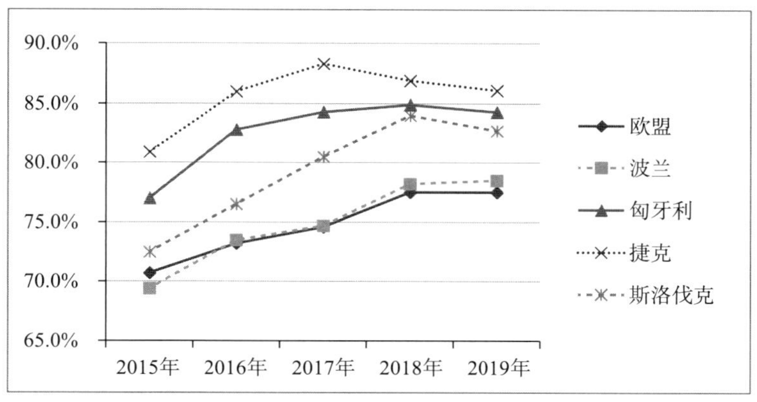


**图1-4 2015—2019年波兰等职业教育毕业生的就业率情况**

资料来源：Eurostat. Employment rates for young people not in education and training[EB/OL].(2020-08-06)][2020-09-10]. https://appsso.eurostat.ec.europa.eu/nui/show.do?dataset=edat_lfse_24&lang=en.

---

① Cedefop. Opinion survey on VET-Q18.1. attractiveness of VET: labour market outcomes-matching labour market needs[EB/OL].(2016-04-14)[2020-09-23]. https://www.cedefop.europa.eu/en/publications-and-resources/data-visualisations/opinion-survey-on-vet.

## 第二节　波兰职业教育变革的关键举措

为了合理应对经济社会发展的影响，波兰政府对职业教育进行了大刀阔斧的改革。改革举措既包括宏观层面的职业教育体系与结构调整，也包括微观层面的职业教育专业与课程完善。此外，改革还重点关注如何优化产教融合的衔接机制，以及如何激发行业企业和适龄学生参与职业教育的积极性。

### 一、推动职业教育体系的结构性调整

波兰职业教育归属两个部门管理，其中国际教育标准分类(ISCED2011)五级以下归属国民教育部(Ministry of National Education)管辖，五级及以上归属科学与高等教育部(Ministry of Science and Higher Education)管辖。2016年，波兰国民教育部对教育体系进行了结构性改革，主要目的如下：一是延长学生在同一所学校与同一群学伴相处的时间，二是构建一个能够有效应对现代经济社会发展需求的职业教育系统。改革举措包括下述四项：一是逐步淘汰初中学校；二是将六年制初等教育延长至八年(包括四年制小学教育和四年制初中教育)，并在同一所学校开展；三是将普通高中教育由三年延长至四年，将职业高中教育由四年延长至五年；四是引入两阶职业教育方案(2-stage sectoral programmes)，其中一阶职业学校(first-stage sectoral school)自2017—2018学年开始取代原来的初级职业学校(basic vocational school)，二阶职业学校(second-stage sectoral school)则于2020—2021学年开始运行。结构性改革将持续至2022—2023学年，其间新旧教育体制将同时存在，直到新的教育体制完全替代旧的教育体制。①

变革后的波兰中等(secondary level)职业教育共包括五个类别，分别

---

① Cedefop. Poland: two-stage upper secondary VET programmes [EB/OL]. (2017-05-23) [2020-09-07]. https://www.cedefop.europa.eu/en/news-and-press/news/poland-two-stage-upper-secondary-vet-programmes.

为：三年制一阶职业教育(3-year first-stage sectoral programme，ISCED 353)、两年制二阶职业教育(2-year second-stage sectoral programme，ISCED 354)、五年制职业高中教育(5-year vocational upper secondary programme，ISCED 354)、三年制特殊职业培训教育(3-year special job-training programme，ISCED 243)、职业准备教育(work preparation classes，ISCED 244)。其中，一阶职业教育和五年制职业高中教育的生源一般为15岁左右的小学毕业生，二阶职业教育的生源则以18岁左右的一阶职业学校毕业生为主。各类中等职业学校在课程设置方面具有较大的自主权，一阶职业学校职业教育课程中基于工作岗位学习的时长一般多于60%，二阶职业学校和职业高中基于工作岗位学习的时长一般多于50%。一阶职业学校毕业生可获得等同于欧洲资格框架(European Qualification Framework，EQF)3级的证书，二阶职业学校和职业高中毕业生可获得等同于欧洲资格框架4级的证书。三年制特殊职业培训教育和职业准备教育主要面向有特殊教育需求(special education needs)和身心缺陷的学生。中学后非高等(post-secondary non-tertiary level)职业教育(ISCED 453)的学制一般为1～2.5年，生源主要包括19～20岁的普通高中、职业高中和二阶职业教育毕业生，基于工作岗位学习的时长一般多于50%。高等(tertiary level)职业教育最高可至硕士研究生阶段。2013—2017年，波兰高等职业院校在高等院校中的占比约为54.3%，高等职业院校学生在高等院校学生中的占比约为17.5%。①

## 二、完善职业教育专业与课程设置程序

波兰职业教育的专业与课程设置遵循国民教育部制定的三部基本法规：《职业教育对应的职业分类目录》(KZSZ)、《职业教育核心课程设置规则》(PPKZ)、《通识教育核心课程设置规则》(PPKO)。上述基本法规处于不断完善之中，最新版本已于2019年开始生效。目前，《职业教育对应的职业分类目录》共包含215种职业，职业资格与职业分类目录中的职业

① Cedefop. Apprenticeship-type schemes and structured work-based learning programmes-Poland[EB/OL]. (2014-08-27) [2020-09-15]. http://libserver.cedefop.europa.eu/vetelib/2015/ReferNet_PL_2014_WBL.pdf.

种类相关联，一种职业通常涉及 1～2 种职业资格。[①] 职业教育专业设置与职业分类目录保持同步，而职业分类目录中职业种类的增加须遵循严格的法定程序，主要包括下述几个步骤：首先，由行业协会、企业代表（雇主和员工）等向相关部委提出增加特定职业的建议，并由该部委向国民教育部提交增加特定职业的官方申请。其次，国民教育部接受申请后委派工作小组，由工作小组联络提交申请的机构和相关领域的专家，共同决定职业标准以及与之对应的学习成果（learning outcomes）标准。再次，地方政府与职业院校在权衡当地劳动力市场需求之后，共同决定是否开设新增专业。

为了使职业教育课程设置更加适应劳动力市场的需求，国民教育部下属的教育发展中心（Education Development Centre）于 2016 年 1 月至 2019 年 2 月实施了职业教育课程的现代化改革。第一阶段（2016 年 1 月至 2018 年 2 月）的改革以研讨会和论坛为主，教育发展中心与波兰教育研究所（Educational Research Institute）、中央考试委员会（Central Examination Board）等机构合作，共组织 25 个行业团队召开了 12 次研讨会，初步形成了 60 门课程，其中包括 53 门现代化课程、2 门新增课程和 5 门面向特殊职业教育学生的课程。第二阶段（2018 年 3 月至 2018 年 6 月）的改革根据劳动力市场的需求对课程进行补充，并且开发设计了相关的职业资格，此阶段共形成了 75 门课程。第三阶段（2018 年 7 月至 2019 年 2 月）的改革基于雇主和员工代表的建议对课程进行调整，最终形成了 73 门课程，并对相关的学历和职业资格进行了进一步设计和细化。[②]

## 三、优化职业教育产教融合的衔接机制

波兰从精准预测产业领域的技能需求出发，聚焦劳动力市场的供给与需求变化，对职业教育产教融合的衔接机制进行了改革。改革主要包

---

① OECD.OECD Skills Strategy Poland：assessment and recommendations[EB/OL].（2019-12-11）[2020-09-15]. https://www.oecd-ilibrary.org/education/oecd-skills-strategy-poland_b377fbcc-en.

② Cedefop.Vocational education and training in Europe-Poland[EB/OL].（2018-07-13）[2020-09-15]. https://www.cedefop.europa.eu/en/tools/vet-in-europe/systems/poland.

括两个方面：

一是创新职业教育产教融合的衔接机构设置。此项改革于 2016 年由波兰企业发展局牵头，共设立了技能规划委员会(Programme Council on Competences)、行业技能委员会(Sector Skills Councils)和人力资本研究所(Human Capital Study)三类机构。技能规划委员会成员由来自国家相关部委、职业院校、大学、行业企业和非政府组织的代表组成，旨在为职业教育与产业领域的合作"牵线搭桥"，并负责开发和组建行业技能委员会。行业技能委员会是此次机构改革的重点领域，其职能在于广泛搜集劳动力市场的相关信息，精准识别并预测本行业的技能需求，以便为促进校企合作提供切实可行的方案。行业技能委员会共计 15 个，目前已经设立了医疗和社保、建筑、金融、旅游、机械和电气、时尚与新型纺织品、信息通信技术这 7 个行业技能委员会。人力资本研究所是一个附属机构，在开展技能供给与需求调查研究的基础上增加相关的知识储备，为行业技能委员会的技能需求预测提供咨询服务是其主要职能。[①]

二是升级劳动力市场的信息联动机制。为了优化劳动力市场上工作岗位空缺与过剩的监督调查机制，波兰于 2015 年引入了新的信息搜集方法，加强了与各利益相关方的联结互动，扩大了信息的来源范围，现有信息来源包括政府部门(Statistics Poland)、网络招聘信息、学校信息系统(School Information System)、行业企业、第三方调查数据等。小波兰省[②]最先采用了新的信息搜集方法，开展了名为"岗位晴雨表"(Occupational Barometer)的试点并取得了显著成效，现已准备推广至全国。在劳动力需求预测方面，波兰教育研究所于 2018 年采用了新的预测工具，除了扩大信息来源范围，还加强了与技能规划委员会、行业技能委员会的联结互动，据此提高劳动力需求预测的精准度，首个劳动力需求预测年度报告于 2019 年由国民教育部发布，报告结果成为职业教育预算拨款的重要参考。[③]

---

① PARP.Sector skills councils[EB/OL].(2019-07-05)[2020-09-07].https://power.parp.gov.pl/power212elektromobilnosc/sektorowe-rady-ds-kompetencji.

② 小波兰省原名克拉科夫省，位于波兰东南部。

③ Regional Labour Office in Cracow. Occupational barometer 2018: summary survey report for Poland.[EB/OL].(2017-08-15)[2020-09-07].https://wupkrakow.praca. gov. pl/documents/67976/5945701/Occupational% 20barometer% 202018. % 20Summary% 20Survey% 20Report% 20for% 20Poland/ab63839e-e605-44eba904-92af5974d996? t=1531291708000.

## 四、提升各方参与职业教育发展的积极性

为了提升不同利益相关方参与职业教育发展的积极性，波兰政府持续完善相关的激励政策，提供充足的配套经费，并且重点关注行业企业和适龄学生的发展诉求。在提升企业参与职业教育发展的积极性方面，波兰采取了"配套政策，专项资金"的策略。所谓"配套政策"，是指针对校企合作人才培养过程中企业参与动力不足的问题，波兰于2017年修订了学生企业实践的配套政策，对实习实训模式、企业培训导师、实习合同内容等进行了全方位、系统化完善，据此提升企业参与校企合作的积极性和满意度。[①] 所谓"专项资金"，是指雇主可以使用专门的国家培训基金(National Training Fund)开展员工培训，资助额度随企业规模而改变，资助内容包括员工的职业资格证书培训、人身意外保险等。2017年，18715名雇主获得了国家培训基金的资助，受益员工多达10万人。

在提升学习者参与职业教育发展的积极性方面，波兰采取了"精准对接，分类资助"的策略，针对不同类别学习者的多样化需求，分别加大了对应的资助力度。第一类为职业院校普通在校生的奖学金资助。2018年职业院校奖学金的资助额度调整为每月23～57欧元，资助期限为1～10个月不等。其中，资助额度由地方政府决定，资助期限则由学校自主决定。第二类为少年劳工(juvenile workers)的薪酬资助。2017—2018学年，少年劳工的数量占到一阶职业学校学生总数的一半，主要以企业学徒制(雇主与少年劳工签订合同)的方式进行培养。革新后的少年劳工薪酬资助采取了逐年递增的方式，并对最低额度做出了明确规定。第三类为弱势青年群体的保障资助。此项资助由家庭、劳工与社会政策部(Ministry of Family, Labour and Social Policy)负责，具体实施单位为志愿劳动团(Voluntary Labour Corps)，资助对象为未接受初级中等教育、年龄在15～25岁之间的弱势青年群体。志愿劳动团的数量约为200个，能够独立或联合企业开展职业教育和培训活动，教育和培训内容涉及60多个职业领域，旨在帮助资助对象获得职业资格证书和实现顺利就业。

---

① Cedefop. Vocational education and training in Europe-Poland[EB/OL].(2018-07-13)[2020-09-15]. https://www.cedefop.europa.eu/en/tools/vet-in-europe/systems/poland.

每年约有 80 万弱势青年享受志愿劳动团提供的教育培训、免费食宿、心理辅导和就业咨询等服务。①

## 第三节　波兰职业教育变革的未来展望

波兰职业教育变革的未来展望是一个宏大叙事，涉及职业教育发展的诸多领域。通过对这些领域的细致梳理，可以发现它们皆围绕职业教育的质量提升、产教融合与资源整合展开。基于此，我们主要从职业教育发展质量、面向工业 4.0 的职业教育、职业教育数字化趋势、职业教育资源整合四个方面对波兰职业教育的未来走向进行展望。

### 一、职业教育发展质量将备受关注

职业教育发展质量内涵丰富，涉及职业学校管理、职教师资队伍、基础设施设备、教学内容方法等多个维度，并且皆围绕人才培养质量展开，能否培养高素质技术技能人才已成为衡量职业教育发展质量高低的核心指标。② 波兰经济社会的未来发展离不开高素质技术技能人才的支撑，职业教育发展质量也因此备受关注。为了实现职业教育的高质量发展，波兰将重点关注职业教育师资质量的提升、职业教育质量外部和内部监控这两个领域。职业教育师资质量提升主要通过完善教师持续专业发展(continuing professional development)方案实现。③ 按照《波兰教师章程》(Teachers’Charter)的规定，持续专业发展是职业教育师资的权利之一，职业院校校长负责评估教师的持续专业发展需求并制订切实可行的持续专业发展方案。教育发展中心下属的教师培训机构负责开发职业教

① Voluntary Labour Corps(OHP). Projekty[EB/OL]. (2020-01-27)[2020-09-15]. https://www.ohp.pl/projekty.

② 张振，T.Senthuran.斯里兰卡职业教育系统：特点、困境与前景[J].中国职业技术教育，2018(30)：71-77.

③ 张振.工作本位学习视域下职业教育师资发展：欧盟经验与中国镜鉴[J].教育发展研究，2021(Z1)：48-54.

育师资的持续专业发展课程和教材，确定职业教育师资持续专业发展的优先事项。从2019年起，职业院校的所有专任教师必须参与由企业组织的相关专业培训，以提高职业教育师资的实践教学质量，为高素质技术技能人才的培养保驾护航。①

职业教育质量外部和内部监控都包括教育教学的评价(evaluation)、合规审计(audit of legal compliance)、监测(monitoring)和支持(support)四个组成部分，外部监控由地方教育主管部门负责实施，内部监控由校长和教师合作开展。外部监控主要关注教学组织、核心课程、学生参与度、学校管理等常规活动。此外，还强调家长和社区参与度、学生态度与规则意识养成等。内部监控需要遵照国家职业和继续教育支持中心(National Centre for Supporting Vocational and Continuing Education)制定的"职业教育质量标准"(Quality Standards for VET)，还需要体现每所职业院校的特色。内部质量监控的结果将作为外部质量监控的重要参考，外部质量监控年度报告由地方教育主管部门呈递国民教育部。考试系统是衔接职业教育质量外部和内部监控的重要环节，对于保障和提升技术技能人才培养质量意义重大。从2019年起，波兰把参加国家职业考试(state vocational examination)或学徒考试(journeyman's examination)作为学生毕业的必备条件之一，对技术技能人才培养质量的监控更加严格。②

## 二、职业教育4.0进程将备受关注

2017年，波兰部长会议正式通过了《责任发展战略》(The Strategy for Responsible Development)，对2020年和2030年国家中长期战略发展规划进行了部署。在需要国家干预的重点发展事项中，"面向工业4.0的职业教育发展"赫然在列，并规定了政府的相关事项清单和旗舰项目。

---

① Cedefop.Supporting teachers and trainers for successful reforms and quality of VET-Poland [EB/OL]. (2016-05-12) [2020-09-18]. https://cumulus. cedefop. europa.eu/files/vetelib/2016/ReferNet_PL_TT.pdf.

② Cedefop. Vocational education and training in Europe-Poland[EB/OL].(2018-01-11) [2020-09-15]. https://www. cedefop. europa. eu/en/tools/vet-in-europe/systems/poland.

2018 年，波兰总理和国民教育部部长联合签署了一封官方公开信，呼吁行业企业积极参与职业教育的发展事务，共同应对工业 4.0 带来的挑战。至此，面向工业 4.0 的职业教育 4.0 被推到了前所未有的高度，波兰职业教育 4.0 的发展进程备受各方关注。为了推动职业教育 4.0 的发展进程，波兰将重点关注教育法修订和技能发展战略制订这两个领域。波兰从 2018 年开始对教育法进行修订，重点完善职业教育发展的相关条款。在教育法修订的解释文件中，有关方面明确阐述了经济领域已经存在和预期可见的新技术对加快职业教育 4.0 进程的迫切要求，并在次级立法中对职业教育系统的现代化、职业教育核心课程的变更、职业教育师资队伍的持续发展、与未来工作相关的技术技能培养等做了详细规定。修订教育法为波兰职业教育 4.0 进程的顺利推进奠定了制度基础。①

除了修订教育法，波兰国民教育部还牵头制订了新的技能发展战略。2019 年，波兰部长会议审议通过了《综合技能战略 2030》(The Integrated Skills Strategy 2030)，该战略引入了“未来技能”(skills of the future)的概念，并搭建了增强职业教育政策互补性和提升职业教育活动整合度的制度框架，保障了正规、非正规和非正式职业教育的有序发展，在职业教育 4.0 发展进程中扮演了重要角色。《综合技能战略 2030》确定了两大优先发展事项：一是提高行业企业参与技术技能开发与应用的积极性，二是建立技术技能需求的实时监测系统。通过落实上述两大事项，有关方面全面了解面向工业 4.0 的职业发展趋势，及时诊断劳动力市场的技能缺口，分析新兴职业涉及的具体工作任务及其对应的技能要求，最终以职业教育教学内容的形式呈现，以便实现与职业教育 4.0 进程的精准对接。②

## 三、职业教育数字化趋势将不断加快

人工智能、机器学习、区块链等数字技术对职业教育发展产生了深远

---

① Cedefop. Vocational education and training for the future of work: Poland [EB/OL]. (2020-03-09) [2020-09-22]. http://libserver.cedefop.europa.eu/vetelib/2020/vocational_education_training_future_work_Poland_Cedefop_ReferNet.pdf.

② Ministry of National Education. The integrated skills strategy 2030 [EB/OL]. 2019-01-25) [2020-09-22]. http://www.ibe.edu.pl/images/download/Zintegrowana_Strategia_Umiej%C4%99tno%C5%9Bci_2030_cz%C4%99%C5%9B%C4%87_og%C3%B3lna.pdf.

影响。为了使职业教育更好地适应数字化发展趋势，波兰政府加强了相关的制度设计。数字事务部(Ministry of Digital Affairs)、投资与发展部(Ministry of Investment and Development)、科学与高等教育部、创业与技术部(Ministry of Entrepreneurship and Technology)4 个部于 2019 年联合签署了《波兰人工智能发展备忘录》，旨在通过各部间的协作为包括职业教育学生在内的波兰公民提供数据科学、数字技能等方面的知识。在签署备忘录的基础之上，发布了《波兰人工智能发展政策(2019—2027年)》，以推动相关举措的进一步落地。家庭、劳工与社会政策部于 2019 年印发了《人力资本开发战略(2030 年)》，该战略细致考察了数字技术发展对劳动力市场以及潜在人力资本的影响，并对职业咨询系统和职业资格系统的调整与完善进行了充分预估。①

有效对接上述政策和战略将成为波兰职业教育数字化发展的主旋律。一方面，波兰信息处理中心国家研究院(Information Processing Centre National Research Institute)联合科学与高等教育部共同开发了“人工智能学习教育网站”，提供有关人工智能的基本信息以及免费的“机器学习”课程。下一步，该教育网站的建设与管理、学习内容的设计与呈现将不断完善。另一方面，数字事务部下属的科学与学术计算机网络国家研究院(Scientific and Academic Computer Network National Research Institute)开发了提供“人工智能”“算法与编程”等在线课程的信息技术学校项目。在每门在线课程结束之后，学习者将参加互动式对话知识测试，通过测试的学习者可以免费获得相应的数字证书。下一步，数字证书的获取将更加规范，其效力也将逐步提升。②

## 四、职业教育资源整合将持续强化

职业教育的跨界属性使资源整合成为职业教育发展领域的一个永恒

① Cedefop. Vocational education and training for the future of work: Poland [EB/OL]. (2020-03-09) [2020-09-22]. http://libserver.cedefop.europa.eu/vetelib/2020/vocational_education_training_future_work_Poland_Cedefop_ReferNet.pdf.

② Cedefop. Vocational education and training for the future of work: Poland [EB/OL]. (2020-03-09) [2020-09-22]. http://libserver.cedefop.europa.eu/vetelib/2020/vocational_education_training_future_work_Poland_Cedefop_ReferNet.pdf.

话题。波兰职业教育的发展历程也是该国职业教育资源不断整合的过程。近年来,资源整合使波兰职业教育走出了发展困境,走向了符合职业教育发展规律的可持续发展路径。展望波兰职业教育的未来发展,其国内外的资源整合程度将不断强化。

一方面,波兰将通过加强跨部门的联动协作整合国内资源。目前,波兰正在推进完善职业教育专业与课程设置程序、优化职业教育产教融合衔接机制等改革举措,这些举措充分体现了跨部门联动协作的优势。“面向工业 4.0 的职业教育发展”也是一个跨部门的议题,国民教育部、科学与高等教育部、创业与技术部、数字事务部等多个部委皆参与其中,各个部委聚焦政策协同机制的完善和政策合力作用的发挥,在此基础上整合优化职业教育资源,持续推动职业教育 4.0 的发展进程。①

另一方面,波兰将通过加大职业教育对外开放力度整合国外资源。首先,自 2004 年加入欧盟以来,波兰与欧盟国家在职业教育领域的交流合作日趋频繁和密切。2014—2018 年,波兰共计 46038 名职业院校学生通过欧盟伊拉斯谟+(Erasmus+)项目获得了国际交流的机会。此外,得益于欧洲社会基金(European Social Fund,ESF)的资助,此间还有 43519 名职业院校学生通过“知识教育发展”(Knowledge Education Development)项目实现了国际交流。虽然目前以短期交流为主,但从发展趋势看,波兰职业院校学生的出国交流时间不断延长,数量也在持续增加。② 其次,作为经济合作与发展组织(Organization for Economic Cooperation and Development,OECD)成员国之一,波兰与该组织的合作将更加紧密。经济合作与发展组织参与设计了波兰《综合技能战略 2030》的总则部分,未来将会继续参与设计该战略的细则部分。③ 再次,

---

① Cedefop. Vocational education and training for the future of work: Poland [EB/OL]. (2020-03-09) [2020-09-22]. http://libserver.cedefop.europa.eu/vetelib/2020/vocational_education_training_future_work_Poland_Cedefop_ReferNet.pdf.

② Cedefop: International mobility in apprenticeships: focus on long-term mobility: Poland [EB/OL]. (2020-04-10) [2020-09-22]. http://libserver.cedefop.europa.eu/vetelib/2019/international_mobility_apprenticeship_Poland_Ce defop_ReferNet.pdf.

③ Cedefop. Vocational education and training for the future of work: Poland [EB/OL]. (2020-03-09) [2020-09-22]. http://libserver.cedefop.europa.eu/vetelib/2020/vocational_education_training_future_work_Poland_Cedefop_ReferNet.pdf.

位于欧洲"十字路口"的波兰是"一带一路"沿线中东欧地区的枢纽国家，中国也在积极对接波兰的《责任发展战略》，不断挖掘该战略与"一带一路"倡议的契合点，中国与波兰在职业教育领域的深入合作同样值得期待。[①]

① 蒿琨."一带一路"与中东欧沿线枢纽国家发展战略对接思考[J].国际关系研究，2020(2):132-159.

# 第二章　克罗地亚职业教育

发展职业教育是落实“一带一路”倡议的重要途径之一。位于“丝绸之路经济带”和“21 世纪海上丝绸之路”交汇地带的克罗地亚，其地理位置处于欧洲东部，是我国与欧洲大陆经济往来、人文交流的重要通道。对克罗地亚职业教育体系进行系统梳理，有助于把握克罗地亚职业教育特点，借鉴其相关经验为我国职业教育的发展提供参考。

## 第一节　克罗地亚职业教育与培训概况

克罗地亚具备较为完整的教育体系，公民文化教育程度较高，其教育体系包括学前教育、初等教育、中等教育、职业教育、高等教育、成人教育和特殊教育等。[①] 学前教育（0～6 岁）在幼儿园进行，分为三个阶段：6 个月到 1 岁、1 岁到 3 岁、3 岁到开始上小学。初等教育（7～14 岁）是为期 8 年的义务教育，分为两个阶段：7 岁到 10 岁，在固定教室里学习 4 年。教师为全能型教师，除外语和宗教以外，每门科目都涉及；11 岁到 14 岁，在不固定的教室里学习 4 年。教师有专门讲授的科目，并要求学生习得第二外语。中等教育是每个人在完成小学教育后，为能够进入劳动力市场，或者在高等教育机构继续接受教育做准备的教育类型，主要分为文法学校、职业学校和艺术学校。文法学校作为普通教育的学校，是向大专院校和院系专业训练的过渡。职业学校教学生某种技术，而艺术学校侧重于视觉艺术、音乐等。高等教育阶段，目前有七所高等教育学府，分别为萨

① 外交部.克罗地亚国家概况[EB/OL].(2020-10)[2020-12-21].https://www.fmprc.gov.cn/web/gjhdq_676201/gj_676203/oz_678770/1206_679306/1206x0_679308/.

格勒布大学、里耶卡大学、奥西耶克大学、斯普利特大学、扎达尔大学、杜布尼夫罗克大学、普拉大学。[①]

在克罗地亚教育体系中,职业教育与培训是获得职业资格以及进行继续深造和终身学习的过程,它是一个涉及目标、管理、模式、质量评价、课程开发、教师等多个方面的整体,与终身教育、成人教育密切相关。

## 一、影响克罗地亚职业教育与培训的外部因素

在2010—2020的10年间,克罗地亚职业教育与培训的重点是制定战略和进行立法。分析影响克罗地亚职业教育与培训的外部因素,对把握劳动力市场需求、制定职业资格标准、开发职业教育与培训模块都至关重要。

### (一)人口因素

2019年,克罗地亚人口为4076246人;自2009年以后下降了5.4%。国家面积为56594公里,区域内包含21个县,128个城市。克罗地亚正面临不断变化和具有挑战性的人口问题。根据2019年按年龄组和老年抚养比进行的人口预测,预计到2050年克罗地亚人口将减少16%。

人口变化对中等教育的整体参与产生了影响。三年制初级职业教育和培训(IVET)项目受到的影响尤其大;学习者总数在2013年至2019年间下降了29.4%。2013年有超过50%的学习者选择三年制职业教育和培训课程,但在过去六年中,学徒数量下降了一半。多年来,四年制IVET课程和普通教育课程的入学率保持稳定。少数民族人口份额约为9.5%,少数职业教育与培训机构位于少数族裔地区,这些机构实施少数民族语言教育(9所机构,618名注册学习者)。语言选项包括塞尔维亚语、意大利语和匈牙利语。

### (二)经济和劳动力市场指标

受2008年金融危机影响,克罗地亚经济形势一度出现下滑,导致

① 魏明.克罗地亚职业教育现状与发展趋势[J].深圳职业技术学院学报,2018(1):63-69,76.

GDP累计降幅超过12%，直到2014—2015年经济才开始回暖；2019年接近了危机前的水平。2017年GDP增长率为2.9%，2018年为2.6%。经济复苏主要归功于积极的经济政策和明智的国家财政管理，这些使克罗地亚逐渐摆脱经济失衡的困境。GDP增长是由强劲的私人消费推动的，这种消费源于收入和就业的持续增长。2019年和2020年，克罗地亚下调消费税来促进经济的持续增长。克罗地亚减少贫困人口比例的能力有限，即使面临贫困或社会排斥风险的人口比例正在下降，但其仍高于欧盟平均水平。

虽然2010年至2017年中小企业数量下降了9.8%，但自2016年以来，工商登记注册的中小企业数量呈积极增长的趋势。据2017年的统计，中小企业以微型企业居多(91.2%)。中小企业对克罗地亚非金融商业经济的贡献至关重要。2017年，中小企业创造了60.8%的整体附加值和68.1%的就业机会，超过了欧盟各国的平均水平(56.8%、66.4%)。中小企业集中在主要城市中心(萨格勒布、斯普利特、里耶卡、奥西耶克)及周边地区。按总收入计算，主要工业部门是食品、饮料和烟草、化工和石油工业。旅游业是经济的重要驱动力，产生强大的倍增效应，并波及其他经济领域。2018年旅行和旅游业对GDP的总贡献率为24.9%，而全球平均水平为10.4%。

自2015年以来，伴随着经济增长的还有就业增长，2018年就业增长率达到7.1%，略高于欧盟6.0%的平均水平。然而，就业适龄人口的比例相当低(2018年为65.2%，而欧盟为73.1%)。年轻人(15至24岁)的失业率明显高于25至64岁的人。但是，经济衰退对25至64岁非技术工人的影响更大。2018年非技术工人失业率是11.4%，包括大多数职业教育与培训毕业生(7.2%)和受过高等教育的人(5.7%)。2014—2018年，职业教育与培训毕业生(20至34岁，ISCED 3级和4级)的就业率提高了9.8个百分点，达到77.7%。同期，同年龄段各类学历毕业生就业率提高8.0个百分点。

### (三)教育程度

克罗地亚的教育水平较高。2018年，与欧盟28国相比，克罗地亚的低学历人口比例较低(克罗地亚为14.9%，欧盟28国为21.8%)，但受过高等教育的人口比例也较低(克罗地亚为25.4%，欧盟28国为32.2%)。

30至34岁人群的高等教育文化程度呈积极趋势;2009年至2018年提高了12.8个百分点,达到34.1%。这差不多完成了欧盟2020年所制定的“克罗地亚受高等教育人口达35%”的目标,但是低于欧盟28国40.7%的平均水平。在2019名四年制职业教育与培训的毕业生中,45%的人在2019—2020年就读于高等教育机构。

克罗地亚是欧洲高中职业教育与培训学习者比例最高的国家之一(2017年为69.6%)。但是克罗地亚已出台了相关政策,要求到2024年,职业教育与培训学习者的比例减少到60%,以重新平衡学习者比例,支持通识教育。

克罗地亚的教育系统为职业教育辍学者提供了多样的教育机会。2018年,克罗地亚的职业教育辍学率为3.3%。这已实现自2013年以来的国家目标,明显低于欧盟28国10.6%的平均水平。

在此背景下,克罗地亚成年人终身学习的参与度仍然是欧盟最低的(2.9%),远低于欧盟28国11.1%的平均水平;自2014年以来几乎没有变化。最弱势群体的参与率甚至更低;2018年低就业能力者占总人口比例为0.5%,失业者为1.5%。

职业教育和成人教育机构(Agencija za Strukovno Obrazovanje i Obrazovanje Odraslih, ASOO)于2017年对克罗地亚的成人教育进行了调查。它指出了参与正规课程的障碍,包括成人教育课程费用高(30.2%)、其他个人优先事项(27.8%)、专业(26.4%)和家庭责任(21.8%)、可用课程信息不足(14.8%)。该调查研究结果用于国家政策的制定,相关政策要求通过破除这些障碍,增加克罗地亚成人教育的参与率。

### (四)就业政策

劳动和养老金系统部(下称劳动部)(Ministarstvo Rada i Mirovinskog Sustava, MRMS)实施积极的劳动力市场政策(ALMP),并在此基础上由克罗地亚就业服务中心(Hrvatski Zavod za Zapošljavanje, HZZ)负责实施青年保障计划。

克罗地亚面临着青年失业问题严重和25岁以下未就业、未参加教育或培训(NEET)人口比例高的挑战。通过一系列举措,青年失业率从2013年的34.1%下降到2017年的21.8%(欧盟28国平均为13.2%)。

同期,NEET 的比例从 22.3%下降到 17.9%,仍高于欧盟 13.4%的平均水平。

2014 年以来,克罗地亚将提供青年保障计划作为提高就业率的工具。劳动部制订了两年期实施计划,该计划依赖于教育系统,尤其是职业教育。2019—2020 年度青年保障计划更加强调自主创业和实习;国家给予实习生工资一定的补贴。2017 年,青年保障计划支持的 NEET 比例下降至 45%,比 2016 年下降 9 个百分点。2016 年,失业人员参与 ALMP 相关项目的比例非常低,仅为 7%。2018 年,引入了新的劳动力市场政策措施包(Odmjeredokarijere),取代了之前的措施。一共九项措施,简化了教育培训的程序,扩大了潜在受益者的范围,尤其是弱势群体,例如 50 岁以上资历较低的员工,或接受在职培训的失业者。这些措施是:就业补助;培训补助;自雇补助;失业者教育;在职培训;获得第一次工作经验/实习的措施;公共工作;支持保住工作;季节性工作保留。所有措施(公共工作措施除外)都提供教育和培训资金。①

## 二、职业教育发展目标

2016 年 9 月 28 日,《2016—2020 年职业教育和培训系统发展方案》的出台,对克罗地亚共和国职业教育的发展提出了新的要求,确定了到 2020 年职业教育与培训发展的新愿景,其中,质量和效率是其发展的核心。该文件通过增强市场的吸引力、关注个人的创新性及就业相关性来促进继续教育和终身学习的目标得以实现。同时,该文件明确了职业教育和培训计划实施的六大原则:(1)质量保证,即增加职业教育与培训的透明度,增强公众对终身教育体系的信心。(2)合作性,即与参与职业教育与培训计划的利益相关者形成伙伴关系。(3)包容性,即职业教育与培训深入弱势群体和代表不足群体。(4)相关性,即基于劳动力市场的需求以及个人发展的计划开展职业教育与培训。(5)终身性,即专注于学习成果的转换和能力的发展,以成功融入劳动力市场以及实现终身学习。(6)连贯性,即与不同水平和类型的教育和培训相贯通。

① Cedefop.Vocational education and training in Croatia: short description[R]. Luxembourg:Publicationa Office of the European Union,2020:21.

## 三、职业教育管理

尽管多个部委对其职权范围内的职业教育与培训的发展有影响，但克罗地亚科学和教育部总体负责职业教育与培训政策。自2000年中期以来，政府设立了多个新机构。2005年，职业教育与培训机构的成立标志着职业教育现代化的开始。2010年，职业教育与培训机构和成人教育机构合并为职业教育和成人教育机构(ASOO)。ASOO负责职业教育与培训系统的整体开发与执行。随着2013年克罗地亚资格框架(CROQF)的提出，劳动部在预测教育部门的劳动力市场技能需求方面发挥了更加突出的作用。经济、创业和手工艺部(Ministarstvo Gospodarstva, Poduzetništva i Obrta, MINGO)和克罗地亚手工业商会(Hrvatska Obrtnička Komora, HOK)将工作重点放在学徒统一教育模式计划(Jedinstveni Model Obrazovanja, JMO)的实施上。2013年通过的《手工艺法》修正案，明确规定组织熟练工考试的机构由HOK变更为ASOO，这样在一定程度上减轻了HOK的责任，使HOK的责任更加集中于为手工艺品和实体机构培养学徒。①

职业教育的相关部门有以下这些。(1)科学和教育部：负责全面的职业教育政策，监督职业教育制度与法律的合规性，协调教育领域行政机构的工作。(2)职业教育和成人教育机构(ASOO)：负责职业技术培训课程的开发；确保利益相关者参与职业教育与培训；支持和跟进职业学校的自我评估；监督职业教育的实施并评估职业教育机构的工作；为职业教育和成人教育提供建议和咨询服务；组织新教师的专业考试，并为有经验的职业院校教师提供晋升机会；为职业教育教师提供持续的专业发展机会；组织全国技能竞赛。(3)经济、创业与手工艺部：规定学徒制资格，颁发学徒考试证书，监督技工考试流程。(4)劳动部：负责就业政策和劳动力市场预测。(5)教育和教师培训机构：负责职业技术教育课程通识教育部分的

---

① Cedefop. International mobility in apprenticeships: focus on long-term mobility [country reports][R]. Luxembourg: Publicationa Office of the European Union, 2020: 32.

发展。(6)克罗地亚手工业商会:向学徒制服务提供者颁发许可证。①

## 四、职业教育法案

克罗地亚的宪法和各专门法保障了学生的受教育权,为职业教育与培训的实施提供了保障。

### (一)《中小学教育法》

在《中小学教育法》的支持下,《学前教育和普通义务教育和中等教育国家课程框架》于 2011 年 7 月通过,它使得相关系统中所有教育要素能够有意义地形成一个相互联系的整体。

### (二)《职业教育和培训法》

《职业教育和培训法》于 2009 年制定,最后一次修订时间为 2018 年,该法案明确了职业教育与培训的教师资格获取、质量保证、利益相关者的合作等事项。②

### (三)《手工艺法》

《手工艺法》于 2013 年修订,主要规定了参与学徒制的利益相关者在工艺制造和贸易中的责任,2019 年 12 月修订,于 2020 年生效,主要实现了治理方面的转变。③

### (四)《成人教育法》

《成人教育法》最初于 2007 年制定,2010 年最后一次修订,该法案主

---

① Cedefop.Vocational education and training in Croatia: short description[R]. Luxembourg:Publicationa Office of the European Union,2020:23.

② Croatian Parliament. Act on amendments of the act on vocational education and training.official gazette of Republic of Croatia,No25/2018. [EB/OL].(2018-03-25)[2021-03-04]. https://narodne-novine. nn. hr/clanci/sluzbeni/2018 _ 03 _ 25 _ 478. html.

③ Croatian Parliament. Act on amendments to the crafts act.official gazette of Republic of Croatia, No 127/2019. [EB/OL].(2019-12-27)[2021-03-04]. https://narodne- novine.nn.hr/clanci/sluzbeni/2019_12_127_2560. html.

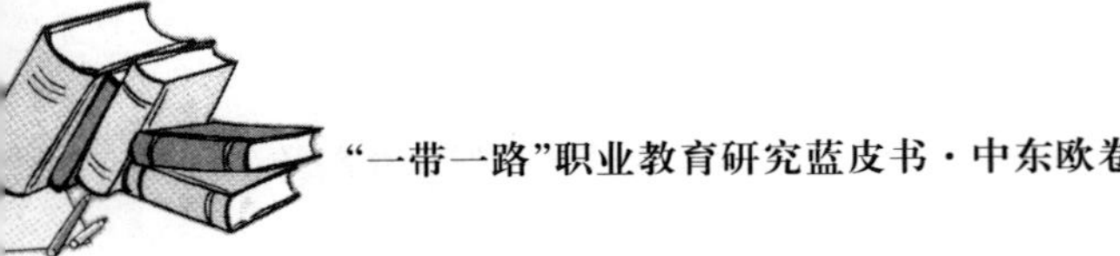


要规范成人教育，包括职业教育与培训。

### （五）《克罗地亚资格框架法案》

《克罗地亚资格框架法案》（2013 年）建立了克罗地亚资格框架，确定了其实施方式，并将其与欧洲资格框架（EQF）、欧洲高等教育区资格框架（QF-EHEA）相联系，也间接地将该框架与其他国家的国家资格框架联系起来。克罗地亚资格框架作为构成克罗地亚共和国资格体系的工具，它确保了资格获取的清晰度、可靠性、可及性。①

## 五、职业教育方案

职业教育旨在为受教育者提供劳动力市场上必要的知识和技能，并且使其获得未来可持续发展的能力。针对学生不同的受教育需求，有关方面提供了不同年限的职业教育方案。

### （一）四年及五年教育课程

四年教育课程，即职业课程，一般完成时间为四年，但获得普通护理护士/一般护理技术员职业资格的职业课程为期五年。

在这类方案中，通识教育和职业理论知识占相对较大的比例。学生在完成某一专业任务后，即获得实用技能，也可以通过参加国家毕业考试继续接受教育。

### （二）三年教育方案

三年教育方案要求学生在工业、金融和手工业行业工作三年，其主要目标是使学生为从事某种职业做好准备，以便迅速融入劳动力市场。

在这类方案中，从特定领域获得的职业理论知识比例相对较高。学生在实际的工作过程中获得学校课堂外的知识、技能。在完成教育后，学生可以通过参加补充/特色考试来获得接受高等教育的机会，进而获得更高级别的资格。

---

① Croatian Parliament. Act on the Croatian qualification framework. official gazette of Republic of Croatia, No22/2013. [EB/OL]. (2013-02-22) [2021-03-04]. https://narodne-novine.nn.hr/clanci/sluzbeni/2013_02_22_359. html.

### （三）两年教育方案

为期两年的职业方案面向简单易上手的职业，组织和执行方法类似于三年方案。此类方案针对的是特定领域，通识教育和职业理论知识的比例较小，侧重于使学生获得基本使用技能，以完成要求较低的任务和工作，帮助他们在特定职业中做好准备。在完成教育后，学生可以通过参加补充/特色考试来获得接受高等教育的机会，进而获得更高级别的资格。

**表 2-1　克罗地亚职业教育方案对比**

| 教育方案年限 | 职业理论知识占比 | 领域 | 习得技能 | 毕业生流向 |
| --- | --- | --- | --- | --- |
| 四年及五年方案 | 相对较高 | 一般技术（为期四年）；普通护理护士/一般护理技术员（为期五年） | 通识知识；职业理论知识；实践技能 | 劳动力市场；参加国家毕业考试继续接受教育 |
| 三年方案 | 相对较高 | 工业、金融和手工业 | 职业理论知识；实践技能 | 劳动力市场；接受高等教育中的继续教育（补充/特色考试），获得更高级别的资格 |
| 两年方案 | 相对较低 | 较不复杂的职业 | 基本使用技能 | 劳动力市场；接受高等教育中的继续教育（补充/特色考试），获得更高级别的资格 |

## 六、质量评价

### （一）评价与质量保证

#### 1. 内部评估

（1）教育机构的自我评估

教育机构的自我评价是一个系统且持续地监测、分析和评价学校工作的过程。它是提升学校办学能力以及协调参与教育过程各要素的重要

工具。自我评估要求职业教育机构、ASOO合作进行自我评价，并配合国家教育外部评价中心进行外部评价。政府机构通过区域联网，与学校开展合作，为学校自我评价提供外部支持，加强机构的内部能力。

(2)评估学生学习成果

对学生学习成果开展评估，其目的是确保所有程序的应用、评价、解释和成果的可比性。学校有义务采用国家考试和毕业成绩以及教育工作的所有其他绩效指标进行分析、评价，并给出评估结果。评估学生学习成果是结合对人才培养目标、课程目标的考察来进行的，这是内部评价的重要组成部分。职业教育评估学生学习成果可以进行成果应用，作为克罗地亚资格框架的重要组成部分，学生学习成果评估致力于实现对不同类型教育和不同教育水平学习成果的评估与认证。

**2. 外部评估**

(1)教育机构外部评价

质量保证体系统一了教育机构的自我评价和外部评价，外部评价要以机构自我评价和发展计划为评价起点。外部评价的主体包括政府机构、评估专家等。政府机构通过拟订外部评价模式和程序即起草教育机构外部评价条例和手册，持续监测教育机构工作，同时，政府相关机构规划和制订教育机构外部评价的方案，颁发外部评估员(评估员、审计员等)许可证，在此基础上实施已制订的外部评价方案。专家对学校相关工作的评估内容，涉及学校人力和物力资源管理、发展规划、教学质量和学生支持、实现教育目标的效果等。

(2)资格框架

克罗地亚资格框架是规范克罗地亚共和国资格制度的工具，用于确保资格制度的明确性、获得性、合格性和资格质量，以及将克罗地亚共和国的资格水平与欧洲资格框架(EQF)和欧洲高等教育区资格框架的资格水平联系起来，并间接地与其他国家的资格水平联系起来。克罗地亚资格框架是实现高质量教育战略目标的工具，与劳动力市场，个人和整个社会的需求相关联。它的颁布为规范和评估非正规学习提供了法律保障。每个公民都有权通过该框架来评估和认可其所获得的能力。

表 2-2　克罗地亚资格框架

<table>
<tr><th>克罗地亚资格框架等级</th><th>资格等级涉及的教育</th><th>每一级要完成的工作量</th><th>获得资格需要完成的累积总工作量</th><th>欧洲框架等级</th></tr>
<tr><td>1</td><td>小学教育</td><td>至少 480 个 HROO 学分</td><td>至少 480 个 HROO 学分</td><td>1</td></tr>
<tr><td>2</td><td>职业培训</td><td>在第二或更高级别上至少获得 30 个 ECVET/HROO 学分</td><td>至少 30 个 ECVET/HROO 学分</td><td>2</td></tr>
<tr><td>3</td><td>一年和两年中等职业教育</td><td>在第 3 级或更高级别上至少获得 60 个 ECVET/HROO 学分</td><td>至少 60 个 ECVET/HROO 学分</td><td>3</td></tr>
<tr><td>4.1</td><td>三年职业教育</td><td>在第 4 级或更高级别中至少获得 120 个 ECVET/HROO 学分</td><td>至少 180 个 ECVET/HROO 学分</td><td rowspan="3">4</td></tr>
<tr><td rowspan="2">4.2</td><td>高中阶段教育</td><td rowspan="2">在第 4 级或更高级别上至少获得 150 个 ECVET/HROO 学分</td><td rowspan="2">至少 240 个 ECVET/HROO 学分</td></tr>
<tr><td>四年或五年职业教育</td></tr>
<tr><td rowspan="2">5</td><td>职业专家培训和教育</td><td rowspan="2">在第 6 级或更高级别中至少获得 60 个 ECVET/ECTS 学分</td><td rowspan="2">至少 120 个 ECVET/ECTS 学分</td><td rowspan="2">5</td></tr>
<tr><td>短期专业学习</td></tr>
<tr><td rowspan="2">6</td><td>本科大学学习</td><td rowspan="2">在第 6 级或更高级别中至少获得 120 个 ECTS 学分</td><td rowspan="2">至少 180 个 ECTS 学分</td><td rowspan="2">6</td></tr>
<tr><td>本科专业学习</td></tr>
<tr><td rowspan="4">7.1</td><td>专业硕士学习</td><td rowspan="4">在第 7 级或更高级别至少获得 60 个 ECTS 学分</td><td rowspan="4">至少 300 个 ECTS 学分</td><td rowspan="5">7</td></tr>
<tr><td>研究生专业研究</td></tr>
<tr><td>综合本科和研究生大学学习</td></tr>
<tr><td>实习</td></tr>
<tr><td>7.2</td><td>研究生专业学习</td><td>在第 7 级或更高级别至少获得 60 个 ECTS 学分</td><td>至少 360 ECTS 学分</td></tr>
</table>

续表

| 克罗地亚资格框架等级 | 资格等级涉及的教育 | 每一级要完成的工作量 | 获得资格需要完成的累积总工作量 | 欧洲框架等级 |
|---|---|---|---|---|
| 8.1 | 研究生科学/艺术硕士学习 | — | 至少一年的全职科学研究/艺术研究；成果：至少有1篇已发表的原创论文 | 8 |
| 8.2 | 研究生大学学习；研究之外的博士论文答辩 | — | 至少三年全职科学研究/艺术研究；成果：有已发表的原创国际论文 | |

通过内部评估与外部评估，学生的学习成果可以得到全面评价，这能够助力职业院校高质量的人才培养。同时，基于客观的标准、清晰的评估方法来构建质量保证体系和分权制衡的利益相关者参与机制，能够在一定程度上确保教育方面所有利益攸关方的问责制更有效率。

## 七、职业教育课程开发

近十年，克罗地亚在职业教育课程的开发上投入了大量的精力。目前，新的标准和现代化的课程正在制订中，计划在2022—2023年全面过渡到新的、以学习成果为导向的职业教育与培训体系，并在职业教育与培训体系和劳动力市场之间建立联系。

### （一）职业教育课程建构流程

科学和教育部等部门设计了管理职业教育与培训课程的框架，并通过流程图明晰了职业教育与培训课程建构的流程。

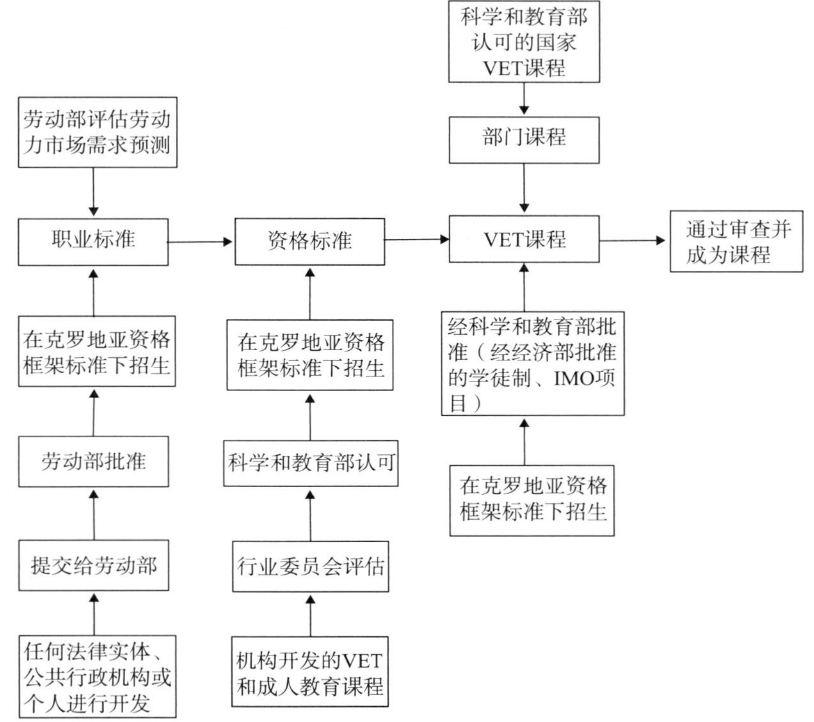


**图 2-1 职业教育与培训课程建构流程**

### (二)职业教育课程层次结构

职业教育法案规定了克罗地亚职业教育体系的课程层次结构，总共分为国家职业教育课程、部门课程、职业学校课程三个层次。

国家职业教育课程是 2018 年科学和教育部认可并实施的课程。它定义了价值观和目标，包括普通教育模块、职业模块、选修模块等。国家职业教育课程还规定了不同类型课程的一般入学要求、毕业要求以及学习成果评估方式。职业院校的教师和工作场所的导师均对学生的学习效果进行评估，而有特殊需求的学习者的评估将根据个人学习计划量身定制。

部门课程是由 ASOO 认可并实施的课程。根据 2018 年《职业教育和培训法》修正案的设想，部门课程将为教育部门内 CROQF/EQF 2 至 5 级资格的所有职业教育课程制定框架。ASOO 负责部门课程开发，预计在 2019 年最后一个季度到 2022 年之间提供部门课程。这些课程将定义

特定部门内的所有职业教育与培训资格、教育期限以及推荐的基于工作岗位的学习模式。

职业学校课程是由各个职业院校实施，并在获得 ASOO 或经济、创业和手工艺部的正面评价后，由科学和教育部批准的课程。职业学校课程有助于帮助学生获得特定的职业教育资格以及关键的专业能力。它规定了教学计划和时间表、教学方法和评估计划，并由必修和选修模块组成，描述了教学单元、学习环境和学习成果的评估要求。①

### （三）职业资格课程组成部分

为了满足不同层次学习者的个性化需求，克罗地亚形成了不同的职业资格课程。这些课程既重视通识性的理论知识，也注重实践操作能力。具体组成情况如下：

**1. 1 级资格课程结构**

1 级为义务教育阶段，可成为普通教育组成部分。已获得 1 级资格或未能达到 4.1 和 4.2 级要求的学习成果的学生会注册 2 级资格，并获得更高等级的 ECVET/HROO 学分。符合法律法规并在同等条件下完成初等教育的学生将注册 3 级资格。

**2. 2 级资格课程结构**

此级别的资格课程结构如表 2-3 所示，其中明确了各部分课程教学的时间占比情况。教育期限为 1 年。专业课程的职业部分包括职业模块和基于工作岗位的学习。职业教育机构中的课程更侧重于理论知识的学习，而工作世界或区域能力中心中的课程，则更有助于落实基于工作岗位的学习模式，帮助学生获得实践技能。

**表 2-3　2 级资格课程结构**

| 达到 2 级资格的专业课程的组成部分和教学时间占比 | | |
|---|---|---|
| A | 普通教育部分 | 20% |
| B | 职业部分 | 80% |
| B. 1 | 职业模块 | 20% |

① Cedefop. Vocational education and training in Croatia: short description[R]. Luxembourg: Publicationa Office of the European Union, 2020:46.

续表

| 达到 2 级资格的专业课程的组成部分和教学时间占比 | | | |
|---|---|---|---|
| B. 2 | 基于工作岗位的学习(80%) | 职业教育机构 | 20% |
| | | 工作世界或区域能力中心 | 100% |

### 3. 3 级资格课程结构

此级别的资格课程结构如表 2-4 所示,其中明确了各部分课程教学的时间占比情况。教育持续 1～2 年。专业课程的职业部分包括职业模块和基于工作岗位的学习。职业教育机构的课程更侧重于理论知识的学习,而工作世界或区域能力中心的课程,则更有助于落实基于工作岗位的学习模式,帮助学生获得实践技能。

**表 2-4　3 级资格课程结构**

| 达到 3 级资格的专业课程的组成部分和教学时间占比 | | | |
|---|---|---|---|
| A | 普通教育部分 | | 20% |
| B | 职业部分 | | 80% |
| B. 1 | 职业模块 | | 30% |
| B. 2 | 基于工作岗位的学习(70%) | 职业教育机构 | 30% |
| | | 工作世界或区域能力中心 | 100% |

### 4. 4.1 级资格课程结构

此级别的资格课程结构如表 2-5 所示,其中明确了各部分课程教学时间的占比情况。教育持续 3 年。专业课程的职业部分包括职业模块、基于工作岗位的学习和选修模块。职业教育机构的课程更侧重于理论知识的学习,而工作世界或区域能力中心的课程,则更有助于落实基于工作岗位的学习模式,帮助学生获得实践技能。与前些模块不同的是,该类资格增加了选修模块,在之前的基础上考虑了学习者自己的学习意愿。

**表 2-5　4.1 级资格课程结构**

| 达到 4.1 级资格的专业课程的组成部分和教学时间占比 | | | | |
|---|---|---|---|---|
| | | 第 1 年 | 第 2 年 | 第 3 年 |
| A | 普通教育部分 | 25% | 20% | 20% |
| B | 职业部分 | 75% | 80% | 75% |

续表

| 达到 4.1 级资格的专业课程的组成部分和教学时间占比 | | | | | |
|---|---|---|---|---|---|
| B. 1 | 职业模块 | | 25% | 25% | 25% |
| B. 2 | 基于工作岗位的学习 | | 45% | 50% | 50% |
| | 基于工作岗位的学习 | 职业教育机构 | 80% | 25% | 25% |
| | | 世界工作或区域能力中心 | 20% | 100% | 100% |
| B.3 | 选修模块 | | 30% | 30% | 30% |

**5. 4.2 级资格课程结构**

此级别资格课程结构如表 2-6 所示，其中明确了各部分课程教学时间的占比情况。教育期限至少为 4 年。专业课程的职业部分包括职业模块和选修模块以及基于工作岗位的学习。部门部分包括普通教育和职业模块、选修模块和基于工作岗位的学习。课程的部门部分是根据每个部门或子部门的要求确定的。

**表 2-6　4.2 级资格课程结构**

| 达到 4.2 级资格的专业课程的组成部分和教学时间占比 | | | | | | |
|---|---|---|---|---|---|---|
| 结构/学年 | | 第 1 年 | 第 2 年 | 第 3 年 | 第 4 年 | 第 4 年后 |
| A | 普通教育部分 | 40% | 40% | 45% | 45% | 20% |
| B | 职业部分 | 30% | 55% | 55% | 55% | 80% |
| B. 1 | 职业模块 | 30% | 30% | 30% | 30% | 30% |
| B. 2 | 选修模块 | —— | 30% | 30% | 30% | 30% |
| B. 3 | 基于工作岗位的学习 | * | 20% | 20% | 20% | 40% |
| C | 部门 | 50% | —— | —— | —— | —— |
| C. 1 | 普通教育与职业模块 | ** | —— | —— | —— | —— |
| C. 2 | 选修模块 | ** | —— | —— | —— | —— |
| C. 3 | 基于工作岗位的学习 | ** | —— | —— | —— | —— |

注：* 基于工作岗位的学习的百分比由部门课程确定(B.3)。 ** 普通教育与职业模块、选修模块、基于工作岗位的学习的百分比由部门课程决定(C.1,C.2,C.3)

**6. 5 级资格课程结构**

此级别的资格课程结构如表 2-7 所示，其中明确了各部分课程教学时间的占比情况。基于工作岗位的学习是以资格为导向的，并且通常在工作中进行。通过与职业教育机构安排的老师的合作以及与雇主指派的导师的合作,实现了职业模块学习成果的获取与基于工作岗位的学习的协调。

**表 2-7 5 级资格课程结构**

<table>
<tr><td colspan="4">达到 2 级资格的专业课程的组成部分和教学时间占比</td></tr>
<tr><td>B</td><td colspan="2">职业部分</td><td>100%</td></tr>
<tr><td>B. 1</td><td colspan="2">职业模块</td><td>50%</td></tr>
<tr><td rowspan="2">B. 2</td><td rowspan="2">基于工作岗位的学习(50%)</td><td>职业教育机构</td><td>50%</td></tr>
<tr><td>工作世界或区域能力中心</td><td>100%</td></tr>
</table>

从以上 5 个表格,我们可以看出不同等级资格的课程组成部分的百分比有所不同,同时,可以发现,级别越高,工作世界或区域能力中心的学习越多。根据所获得知识的多少与实践能力的高低来确定课程比例,这样的做法是恰当的。同时,到达一定资格水平后,可以由部门自主决定部分课程的设置,这可以充分考虑到当地经济发展的需要,因地制宜地满足需求。基于工作岗位的学习可以有效锻炼学生的实践操作技能,基于真实的工作环境可以提升学生的职业素养。

## 八、促进职业教育参与的措施

### (一)激励学习者

**1. 实践培训和学徒的报酬**

凡是参与企业培训的学徒都能够获得报酬;实践培训合同(ugovor o proofbi praktične nastave)和学徒合同(ugovor o naukovanju)按照相关法规规定了学习者的报酬。

**2. 人员紧缺职业奖学金**

经济、创业和手工艺部(MINGO)向劳动力短缺行业的学习者颁发奖学金;2018 年颁发 3020 份奖学金。总金额约为 360 万欧元,较 2017 年大幅增加,当时金额为 280 万欧元。除了全国范围内的奖学金外,社区、专业协会和私营公司也为学习者提供奖励和津贴。

## （二）激励企业

**1. 免税**

为统一教育模式计划(Jedinstveni Model Obrazovanja，JMO)提供学徒机会的公司享有税收减免待遇，从而减少了他们的应税收入。每年在其场所培训一到三名学习者的企业家可以将其应税收入减少5%；凡增加一个额外的学习者便可以在先前的基础上减少1%的应税收入，最高限制为15%。

同时，根据增值税条例，凡是积极参加成人教育与职业教育培训的企业，可减免该费用的60%(中小企业最高可减免80%)。

**2. 为提供学徒制的中小企业提供补助金**

补助金由经济、创业和手工艺部(MINGO)管理，2018年提供学徒制的中小企业通过190笔拨款获得了超过140万欧元的资金。

## （三）指导与咨询

克罗地亚就业服务中心组织的活动旨在为小学和高中最后几年(包括职业教育与培训)的学习者提供信息、指导和咨询。

克罗地亚就业服务中心的综合指导和咨询系统关注青年的就业情况。近年来，克罗地亚就业服务中心以职业信息和咨询中心(Centri za Informiranje i Savjet Ovanje o Karijeri，CISOK)的名义组织了一个由13个职业信息和指导中心组成的区域网络。这使得采用量身定制的方法进行指导和咨询成为可能。这些服务是免费的，对学习者和家长开放。训练有素的辅导员提供咨询服务。通过开放日和招聘会，为从小学到中学以及从中学到高等教育的学习者提供指导。这些举措得到商会、雇主、学习者和家长的支持。

对学习者的职业指导是通过学校辅导员和克罗地亚就业服务中心职业指导顾问的共同努力进行的。成绩不佳的中学学习者会被转介给专家团队进行职业指导。在这里，专家会基于学习者的个人能力，给出其未来职业发展规划的相关建议。如果需要，将由健康专家团队对学习者的身心情况进行评估。学习者可以根据HZZ专家的意见改变学习路径，报读其他学历的课程。

克罗地亚就业服务中心开发了一个门户网站e-Guidance，以提供选择教育课程所需的信息，并为学习者制定未来职业发展规划，为其实现职业目标提供帮助。

克罗地亚就业服务中心每年还对中小学学习者的职业意向进行调查。学校专家团队和克罗地亚就业服务中心代表利用这些结果确定需要特定职业指导服务的目标群体。调查结果的汇总表明了学习者意图的趋势，并被转发给区域和国家层面的教育和就业利益相关者。[①]

## 九、职业教育师资

要实施高质量的职业教育与培训，教师起着至关重要的作用。因此，初始教育和培训以及持续专业发展(CPD)非常重要。克罗地亚的职业教育课程由普通学科教师讲授的通识教育部分和职业学科教师讲授的职业部分组成。

### (一)资格要求

根据《职业教育和培训法》及其修正案的规定，IVET 和正规成人教育的教师和培训师必须满足以下要求：(1)理论职业科目教师必须接受高等教育(180 个 ECTS 学分及以上)，完成补充教育心理学教育(60 个 ECTS 学分)并满足职业教育与培训课程的其他要求。(2)实践培训和练习的教师必须具有大学本科学历或专业学位(180 个 ECTS 学分及以上)、教学能力(60 个 ECTS 学分)并持有相关职业资格证书。(3)职业教师必须具有职业教育与培训课程规定的教育水平(至少是相应职业的中等职业教育水平)、教学能力和至少五年的适当专业工作经验。(4)教学助理必须具有中等教育水平、教学能力和至少五年的工作经验，除非职业课程有不同的规定。教学助理协助职业教师工作。

根据《职业教育和培训法》，前往企业实践培训的学徒都必须有一位具有足够资格和能力的指导教师。在统一教育模式计划中，导师必须满足以下条件之一：(1)工匠大师；(2)通过大师级工匠考试，并证明其具备教学基本知识；(3)具有适当的高中学历，注册开设手工业企业，并在指导

① Cedefop. Vocational education and training in Croatia: short description[R]. Luxembourg: Publicationa Office of the European Union, 2020: 47.

学徒的专业领域拥有三年经验,且通过考试证明具备基本教学知识;(4)具有适当的高中学历,并且至少在指导学徒的专业领域拥有10年工作经验,而且通过了证明其具有教学基础知识的考试。

### (二)职业教师的持续专业发展、晋升和认可

职业教育教师的持续专业发展和在职培训主要由ASOO提供,并基于每年更新的在职培训目录。与职业院校教师在职培训相关的数据定期记录在信息系统中,教师在此注册参加在职教师培训活动。

2018年,ASOO为职业教育教师开发了新的CPD模式。该模式修订了CPD年度计划并定义了13个基本模块和12个选修模块。基本模块包括规划个人在职培训和终身学习能力培养、特定部门技能培养、企业教师培训、课堂管理、学生评估和数字能力。选修模块包括进入教学行业、成人教学、职业教育与培训学校的自我评估、信息通信技术在教学中的整合、服务学习、项目管理和欧盟基金的使用。

#### 1. 教师晋升

教师、职业培训师和教学助理的晋升受到法律监管。法规指导晋升并确定晋升的级别、条件和方式。其中,教师专业知识和教学卓越性的评估包括:教学成功,如教学方法创新、最新工作方法在教学中的应用、最新知识来源等;课外专家工作,如在至少县级的教师培训活动中讲课、指导学生通过在职专业考试或者获得国际比赛三等奖;参与在职教师培训。

晋升取决于工作年限、职称年限、参加各类课外活动的积分数、国家教师资格标准要求、是否定期参加在职教师培训。教师晋升需要申请,教师委员会对教师工作进行评价;ASOO完成该过程。通过晋升,教师可以获得优秀导师的称号;他们也可以因在教育方面的杰出成就而获得表彰。2019年的相关规定重新调整了职称评定程序,明确了相关人员的职责、晋升的要求和标准、评估程序以及有效期。职称有效期为五年。高级职称持有人应为高级职称以下的教师提供专业培训,同时,应参与教育政策建议的在线公众咨询,并发布数字教育内容。

#### 2. 教师的认可

2019年颁布的条例规定了评价程序和奖励标准,以及教师的财政奖金。新框架涉及教学创新,参与专业发展,开发开放的数字教育内容,参与项目以及通过参与教育政策制定、承担研究或实验项目为职业教育系

统做出贡献等多个方面。

2019 年 12 月，政府与教师工会协商大幅提高教师工资。①

## 第二节 克罗地亚职业教育的特点

克罗地亚职业教育经过多年的发展与实践探索，形成了具有本土特色的体系，其特点主要集中在以下几个方面。

### 一、职业教育体系与课程具有灵活性

从克罗地亚的教育体系来看，克罗地亚职业教育人才培养充分考虑到了个人的需求。个人可以在充分考虑自己的职业需求以及实践能力的情况下选择个人的职业规划。因此可以说，克罗地亚地职业教育已经形成了沟通有无的教育体系。同时，在不同年限的中等职业教育的分类中，职业知识也可以成为学历认证的一部分，这就充分考虑到了职业教育的特点，摒弃了把学历作为唯一标准的评价路径。

从专业课程组成部分来看，其考虑到不同层次的人才培养规格，针对获取不同的资格制订了不同的课程培养计划，给予专业课程不同的分配比重，进而实现职业教育分层发展。同时部门课程使教育机构在选择内容和工作方法方面具有较大的灵活性和自主性，使学生能够获得促进个人发展的能力，并满足劳动力市场的需求。

### 二、区域服务能力具有专业性

2016 年 9 月 19 日，布鲁塞尔出台了《2016 职业教育与培训发展计划(2016—2020)》。该方案明确规定实施建立区域能力中心的计划。区域

---

① Agency for Vocational Education and Training and Adult Education. Supporting teachers and trainers for successful reforms and quality of vocational education and training: mapping their professional development in the EU - Croatia [R].Cedefop ReferNet Thematic Perspectives Series, 2016:12.

能力中心在开展职业教育和培训，实施正规职业教育、职业发展和终身教育方案，以及其他形式的正规和非正规教育(以工作为基础的学习、竞赛和知识和技能介绍等)方面有着显著的优势。

区域能力中心为开展高质量的职业教育提供了平台和场所，针对不同的群体，如学生、成人学习者、企业导师、教师和雇员，使他们能够获得相关职业发展能力。同时，对残疾人和残疾人学生给予特别关注，并为这些人士定制个性化方案，以期他们能够融入社会。中心的核心特点是创新学习模式，提供高素质的教师和雇主导师、高质量的基础设施，促进职业教育与社会伙伴、公共部门和经营者以及广大社区其他有关机构开展建设性和创造性合作。区域能力中心以专业性为核心特征，除了以经济和劳动力市场为目标开展基本教育活动以外，还具有提供职业培训和成人培训的作用。

区域能力中心的设置不仅为弱势群体提供了更多的机会，而且更好地发展了成人教育，使职业教育不局限于学校，有更多的教育机构来发展职业教育。

## 三、资金投入保障有力

职业教育的发展必须给予足够资金并且确保这些资金用到实处。2016 年 9 月 19 日，《2016 职业教育与培训发展计划(2016—2020)》出台，明确提出建立职业教育区域能力中心。2019 年 12 月 27 日，为设立职业教育区域能力中心，在萨格勒布签署了四份合同，涉及金额达 1.05 亿库纳。2020 年 7 月 3 日，克罗地亚政府从欧盟资金中获得了约 22.5 亿库纳用于职业教育改革，同时也为职业教育区域能力中心拨款 8.2 亿格里克。这些资金为职业教育的专业化发展提供了坚实的基础。同时职业教育不仅仅致力于培养合格劳动力，还致力于培养高级实践人才。

## 四、职业教育对接劳动力市场需求

职业教育办学与人才培养必须充分考虑地方经济发展的需要，促进课程教学与企业实现深度融合，进而更好地服务区域经济的发展。其中，课程是职业教育的抓手。克罗地亚通过《国家职业教育课程》确定了职业教育课程教学中的目标、内容、学与教过程、组织和开展学生成绩评估的规则等；通过把握课程教学标准，对接行业职业标准，培养学生的通用能力以及终身学习的能力，明确学习成果和职业资格；同时，根据市场需求不断与时俱进地调整课程内容与人才培养的适切性，进而优化现有课程结构，使课程结构更加符合劳动力市场对劳动者知识、能力以及素质等多方面的要求。除此之外，克罗地亚政府致力于扩大接受职业教育的人群，激励劳动者实现技能就业，走技能成才之路，采取不同形式发展以工作为基础的学习模式，增强“人—职”匹配度，缩短教育到工作的过渡时长。同时职业教育体系与其他教育体系贯通，考虑到了以市场需求为导向下的水平和垂直流动，为经济发展提供劳动力支撑。

## 五、教师和学生国际流动与交流程度逐步提高

职业教育着眼于终身学习，克罗迪亚资格框架的出台，有力推动了其学习成果评价的透明性、可行性，促进了职业教育的国际交流与合作。克罗地亚实施了促进教师和学生国际流动发展的项目，这对提高学生和教师的国际流动意愿起着非常重要的作用。伊拉斯谟＋计划是典型例子。到目前为止，已有 24％的职业学校参加了该计划和新的伊拉斯谟＋计划。有 83 所职业学校通过伊拉斯谟＋计划参与了国际流动，其中 72 所属于职业教育领域，其余的属于普通和成人教育领域。在 2015—2016 学年，0.78％的学生参加了伊拉斯谟＋计划（2013 年欧盟平均水平为 0.7％），2020 年伊拉斯谟＋计划结束时，学生和教师的流动率超过 1％，超过了欧盟平均水平。此外，克罗地亚通过开展一系列活动，增强利益相关者在职业教育与培训国际合作和项目开发中的能力，并提高了对职业教育与培训国际化的认识。克罗地亚政府对国际层面职业教育和培训的流动给予充分支持。其目的不仅仅是拓宽教师或学生的全球视野，更是期望他们习得国外先进的经验与技术。通过国际性流动，学生和教师的学习成果得到充分利用，能够有力提升职业教育的国际化发展水平。

## 六、终身教育趋势越来越明显

终身学习是一个过程，它涵盖了生命的每一个阶段，以及每一种学习

形式。劳动者进入劳动力市场，即使普通教育提供了基本的通识性知识，但他仍可能面临着因无法应对日新月异的技术变革而被淘汰的风险。因此，克罗地亚的职业教育非常重视非正式教育和继续教育，重视教育的终身性。克罗地亚社会对职业教育的愿景是通过终身学习，使人们树立终身学习的积极理念，更好发挥公民作用。为了实现这个愿景，克罗地亚政府采取一系列措施，如向目标群体提供适当的信息咨询，为此，克罗地亚就业服务中心成立了信息中心，以便个人可以在信息中心获得专业咨询和职业指导以及其他有用的材料，并向劳动力提供与职业相关的个性化就业服务来实现积极的就业转变。终身学习的关键是承认非正式学习成果，完善教育体系，保证学习路径上没有“死胡同”。不管学习者的社会背景、知识基础如何，只要其拥有学习的意愿，克罗地亚相关部门就能够为学习者提供终身学习机会，不仅使学习者获得技能，进而更好地生活，还有利于促进社会的发展。

## 七、信息服务具有前瞻性

克罗地亚为个人提供适当的前瞻性信息咨询，旨在使其适应劳动力市场的变化，根据自身需求制定职业发展规划，并促进职业转变。克罗地亚就业服务中心的信息中心通过各种方式，帮助个人寻找并实现与职业相关的目标。在这一过程中，至关重要的是提高个人的自我意识，以及对其自身利益、优势和弱点的认识，并提高对持续自我改进重要性的认识。除此之外，有关方面从就业前景、劳动力人口分布情况、部门就业趋势、按职业类别划分的职位空缺、职业变化的驱动因素、技能的需求和供给六个方面分析了克罗地亚 2018—2030 年的劳动力需求情况及岗位需求情况。数据显示：未来，受学历上移的影响，克罗地亚农业和渔业工人等对文化水平要求较低的职业面临招聘困难的问题；符合专业技术人员要求的劳动者较多，因而招聘难度较低；信息和通信技术专业人士以及部分商业和行政专业人士可能需要大量招聘，而卫生健康领域的专业人员需求增大，需要大量招聘。与此同时，克罗地亚就业服务中心每年对中小学学习者的职业意向进行调查。调查结果的汇总表明了学习者意图的趋势，并为区域和国家层面的教育和就业机构制定政策提供依据。通过详细的数据分析，有关方面可以针对有需要的领域进行专门的人才培养，人才培养并非一蹴而就的过程，技能的掌握需要时间，因而通过前瞻性的预测，提高人才培养的社会适应性，对于提高人才培养的质量进而提高职业教育的质量具有关键作用。[①]

## 第三节　克罗地亚职业教育发展经验

事实上，具有灵活性、专业性、保障性等特点的克罗地亚职业教育体系，是克罗地亚在实践中不断探索的产物。在实践中，克罗地亚积累了较为丰富的职业教育发展的经验。主要包括以下四个方面。

### 一、提高职业教育社会认可度

职业教育是教育体系非常重要的组成部分，提高职业教育的社会认可度，增强职业教育体系的吸引力对职业教育的发展至关重要。数字显示，在克罗地亚共和国，大部分受过教育的人都接受了职业教育（75%），其中包括大约70%的中学学生，克罗地亚职业教育的特点是与劳动力市场紧密联系，还具有社会包容性。职业教育对于积累人力资本至关重要，这是实现经济增长，提升就业质量和社会目标的前提。它具有专业发展的功能，可使年轻人在国内外劳动力市场上得到更好的认可，在劳动力市场上具有强劲的竞争优势，并能根据个人职业规划进行职业流动，从而促进可持续性发展。

### 二、适应劳动力市场需求

对于职业教育机构来说，了解雇主的需求是其主要任务之一，这些机构为年轻人或成年人做好了进入劳动力市场的准备。同样重要的是，这些机构能够促进垂直流动（职业教育与更高层次教育的衔接）和平行流动

① Cedefop. Skills forecast 2020：Croatia.Cedefop skills forecast[R].Luxembourg：Publications Office of the European Union，2020：43.

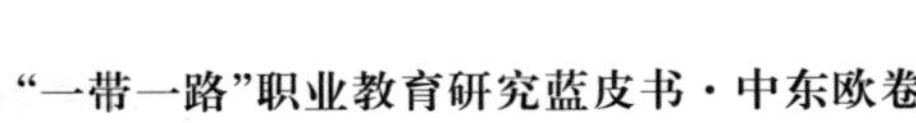


(获得其他相关领域的知识以增强学习者在现代劳动力市场上的竞争力),而这些流动都是提升就业能力的关键。

在克罗地亚,为了有效适应劳动力市场需求,有关方面采取了一系列行动措施。第一,克罗地亚就业服务中心对雇主进行调查,以了解雇主的短期需求。关注企业裁员的现象并深入分析其原因。雇主需要什么样的知识,他们自己往往无法评估。因此,必须采取可行的方式可对雇主未来的需要进行分析,以便更好地制订教育计划,如通过经济计量和类似的以经济增长和个人活动模型预测经济发展的方法来检查发展战略对人力资源的影响,即评估实现战略目标需要(或将需要)哪些知识和技能。需求预测系统也随着年限的变化而逐年改进。第二,除了相关机构,政策文件也对实现战略目标的人力资源需求进行具体的描述和规定,确保规定的知识和技能正是相关职业所需要的。从事某项工作最重要的便是获得进入该行业的资格证书。由于资格证书的获取需要花费一定时间,从选择从事某职业到真正从事该职业具有一定的时间差,因此研究劳动力市场需求,明确资格证书的能力要求至关重要。

## 三、提高职业教育的质量

### (一)建立区域能力中心

通过建立区域能力中心,可以在推进职业课程现代化的同时对职业教师进行能力建设和培训,从而提高职业教育的质量。区域能力中心是有效提升职业教育和培训质量的卓越选择。除开展职业教育的基本活动外,还包括实施以工作为基础的学习、培训以及其他有助于提高职业教育和培训效率的活动。在克罗地亚共和国,区域能力中心的数量分布、空间分布均具有周详的规划,与经济需求紧密联系。在第一阶段,它所侧重的(子)部门为:旅游和餐饮、机械工程、电气工程、信息和通信技术、农业与卫生;在第二阶段,则会考虑到国家/地区优先发展的领域和在劳动力市场有强烈需求的职业领域。未来,克罗地亚将会继续扩大区域能力中心的影响力,将区域能力中心打造成推动职业教育可持续发展的平台。

### (二)职业课程的现代化

职业课程的现代化即提高课程质量,强调课程的能力导向,同时,促进职业教育与劳动力市场之间的联系，在选择内容和工作方法方面赋予职业教育机构更大的灵活性和自主权。职业教育的双重模式为职业课程现代化提供了模式保障。在这种模式下，雇主将成为教育机构的合作伙伴，通过这种职业教育模式获得的资格证明学习者已经拥有基础知识和职业能力，可以根据市场经济、现代信息和通信技术等职业要求工作，在不断变化的社会文化背景下，获得生活和工作以及可持续发展的能力。未来，克罗地亚将继续推进职业课程的现代化，以双重教育模式为媒介，强调课程的双主体，落实企业与职业院校协同育人机制，切实增强职业院校学生的市场竞争力。

### （三）职业教师的在职培训

职业教师的能力建设和在职培训是稳步推进职业教育现代化的重要条件之一。教师在职业教育的发展中起着关键作用。为了使职业教育和培训机构能够有效应对快速的技术变革、复杂的社会关系变化和日新月异的劳动力市场需求，职业教育的现代教师需要扩大其专业能力的范围，跨学科能力尤为重要。对于教师来说，获得另一个领域的知识是困难的。因此，克罗地亚正根据学生需求和专业要求，改进目前职业科目教师的持续专业发展系统，开发教师持续专业发展的新模式，并且致力于开发基于在线学习和创新培训的培训形式，为与企业和劳动力市场直接接触的教师的专业发展提供持续的激励。教师的在职培训在学习新知识、培养跨学科思维能力、适应劳动力市场需求方面起到重要作用。

## 四、推动职业教育终身化

克罗地亚正在稳步推进职业教育终身化。能够促进职业教育终身化的关键是克罗地亚资格框架的制定与实施。第一，克罗地亚资格框架重视学习成果的作用。在资格框架中，学习成果的获得有助于使资格与劳动力市场需求更好地保持一致；不论在何处获得学习成果，由于教育系统和职业教育培训体系的开放程度高，这些学习成果都有机会得到承认；这些学习成果赋予教育和职业教育与培训系统更大的灵活性。第二，克罗地亚资格框架重视非正式学习和非正规学习。《职业教育和培训法》规定，通过非正规和非正式学习获得的能力应通过考试证明，并符合职业标

准,如此,即获得职业资格。欧洲理事会列出了评估非正式学习和非正规学习的流程:确定个人先前获得的学习成果—记录获得的学习成果—评估个人获得的学习成果—以资格证书或其他某种形式对通过评估的学习成果进行认证。非正式学习和非正规学习评估系统主要针对具有生活和工作经验的成年人。克罗地亚认可并接受欧盟委员会开发的工具,例如“欧洲通行证”和“青年通行证”,这进一步促进了对非正式和非正规学习获得的能力的认可。未来,克罗地亚将继续稳步推进职业终身化,将职业教育与终身教育联系起来,规范非正规和非正式学习的认证程序,更好地促进对学习成果的认可。

# 第三章　罗马尼亚职业教育

罗马尼亚(Romania)是“一带一路”沿线重要国家,也是中国—中东欧国家合作的积极参与者。中罗两国建交70余年来,在经济、科技、文化、教育等领域交流合作密切。罗马尼亚曾于2019年5月举办第七届中国—中东欧国家教育政策对话和中国—中东欧国家高校联合会第六次会议,也与我国合作开展中罗(德瓦)国际艺术学校、华东理工大学锡比乌中欧国际商学院、中罗丝路工匠学院等办学项目。罗马尼亚经济发展水平较高。新冠肺炎疫情前(2019年),罗马尼亚国内生产总值(GDP)约2230亿欧元,同比增长4.1%,成为欧盟第十三大经济体,人均GDP约1.15万欧元,人均月收入约700欧元。世界银行首次将罗马尼亚列为高收入国家。然而,罗马尼亚经济增长与通胀加速叠加,产业结构面临失衡问题。服务业占主导地位,工业负增长,对经济增长的贡献率保持负值。同时,罗马尼亚人口规模逐年减少。2000年以来已累计减少300多万人,其在2017年成为人口减少幅度最大的欧盟成员国。2020年,罗马尼亚人口减少到1929万人,继续呈下降趋势。人口老龄化、劳动力参与率较低和青年劳动力失业率居高不下也成为日益严峻的社会问题。职业教育一方面在促进罗马尼亚经济增长、提升劳动者专业能力与就业水平等方面发挥重要作用,另一方面也面临着多重外部环境因素的冲击和内部发展问题的挑战。深入研究罗马尼亚职业教育系统发展的实践样态、战略支持、质量保障、实践挑战、发展趋势等内容对于借鉴职业教育发展域外经验,深化中罗、中国—中东欧国家交流与合作,服务我国高水平对外开放,推动共建“一带一路”高质量发展具有较大的现实意义。

# 第一节 罗马尼亚职业教育系统的实践样态

教育是罗马尼亚的优先事项。国家为公民提供平等的权利,罗马尼亚公民可以不受任何形式歧视地接受各级各类教育。罗马尼亚的教育体系分为四个层次,即早期教育(ISCED 0 级)、初等教育(ISCED 1 级)、中等教育(ISCED 2 级和 3 级)和中学后教育(ISCED 4 至 8 级)。早期教育分为早期学龄前教育(3 岁以下)和学前教育(3 至 6 岁),初等教育分为预科(6 至 7 岁)和 1 至 4 年级(7 至 11 岁),中等教育分为初中教育(ISCED 2 级,5 至 8 年级,11 至 15 岁)和高中教育(ISCED 3 级,从 9 年级、15 岁开始)。完成中等教育后,学习者可以通过职业教育培训课程计划(ISCED 4 级)和普通高等教育课程计划(ISCED 5 至 8 级)继续接受中学后教育。① 罗马尼亚职业教育系统主要包括初等职业教育与培训、中学后职业教育以及成人职业教育与培训。

## 一、初等职业教育与培训

初等职业教育与培训是罗马尼亚职业教育系统的主要组成部分,主要包括四年制职业教育课程、四年制技术课程、短期培训课程和三年制学校培训课程四类。四年制职业教育课程(ISCED 354,EQF 4 级),由高中或学院提供,基于工作岗位学习的比例占 15%,为毕业生提供高中毕业文凭以及军事、神学、体育、艺术和教育学的 EQF 4 级专业资格。四年制技术课程(ISCED 354,EQF 4 级),由技术高中和学院提供,基于工作岗位学习的比例占 25%,为毕业生提供高中毕业文凭以及服务、自然资源、环境保护和技术研究领域技术人员的 EQF 4 级专业资格。在完成义务教育后,学习者可以选择退出并参加一个只提供专业资格的短期职业教

① European Centre for the Development of Vocational Training(Cedefop), National Centre for TVET Development. Vocational education and training in Europe: Romania system description[EB/OL].(2019-02-25)[2021-12-28]. https://www.cedefop.europa.eu/en/print/pdf/node/30991.

育与培训课程(ISCED 352)。短期培训课程(ISCED 352,EQF 3 级),通过 720 小时的基于工作岗位学习为完成两年技术课程(10 年级)的学习者提供 EQF 3 级的专业资格。这些课程由职业教育与培训学校协调,主要由雇主提供。以前辍学的成人也可以学习这些课程。三年制学校培训课程(ISCED 352,EQF 3 级),由职业学校与雇主合作提供,基于工作岗位学习的比例占 50%,为毕业生提供 EQF 3 级的专业资格。在完成初中教育后中断学习的人士可以免费参加针对 26 岁以下学习者的课程。毕业生还可以参加三年级的 EQF 4 级技术课程。

## 二、中学后职业教育

中学后职业教育主要由技术学院或大学根据职业教育与培训的要求或学习者的兴趣组织提供 1 至 3 年的职业教育与培训课程(ISCED 453),帮助学生获得 EQF 5 级的专业资格。这些课程以模块化形式开发,由职业培训标准中的能力和学习成果单元决定,一般包括框架课程、学科模块课程和适用于每种资格的教科书。目前罗马尼亚有 330 所公立学校和 49 所私立学校,它们为中学毕业生提供了获取更高专业资格的通道和机会。

**表 3-1　罗马尼亚职业教育公立学校学生人数**

| | 2013—2014 学年/人 | 2017—2018 学年/人 | 年龄段 |
|---|---|---|---|
| 四年制职业教育课程(ISCED 354、EQF 4 级) | 49395 | 50915 | 14/15～18/19 |
| 四年制技术课程(ISCED 354、EQF 4 级) | 376963 | 266031 | 14/15～18/19 |
| 三年制学校培训课程(ISCED 352、EQF 3 级) | 26361 | 87841 | 14/15～16/17 |
| 其中:三年制短期培训课程(ISCED 352、EQF 3 级) | 2056 | 671 | |
| 高中教育(包括普通、职业、技术和专业课程) | 786815 | 715151 | 17～18/19 |

续表

| | 2013—2014学年/人 | 2017—2018学年/人 | 年龄段 |
|---|---|---|---|
| 中学后职业教育（ISCED 453、EQF 5 级） | 55296 | 51973 | 18/19+ |

资料来源：National Institute for Statistics-ROMANIA. Education statistics for the academic years 2013－2014 and 2017－2018［DB/OL］.（2018-09-10）［2021-12-28］. http://statistici.insse.ro:8077/tempo-online/.

## 三、成人职业教育与培训

成人职业教育与培训的目的是为成年人提供必要的知识和技能，以帮助他们找到工作或发展自己的职业道路。成人职业教育与培训由获得授权的私人机构和公共部门提供，主要包括高等教育毕业生实习培训、成人继续培训、工作场所学徒培训三类，适用于 16 岁以上的学习者。高等教育毕业生实习培训受到罗马尼亚《劳动法》（第 53/2003 号）和《实习法》（第 335/2013 号）的监管。学习者从高等教育机构毕业后，可以参加为期六个月的培训，在真实的工作环境中进行专业实践。但这不适用于医生、律师和公证员等专业性极强的职业。雇主可为每位受训者申请每月约 483 欧元的公共就业服务补贴。成人继续培训由授权培训的雇主向成年人提供，特别是失业者、雇员、产假或长期病假后复工的人、高危群体和其他弱势群体。成人继续培训方案有助于学习者获得职业资格能力，针对新职业获得基本能力或新技术能力。在成人继续培训中，实践培训至少占项目总时数的三分之二。资格认证课程属于 EQF 1 至 4 级，学习时间各不相同。工作场所学徒培训由公共就业服务机构管理，为期 1 至 3 年，为未拥有职业教育与培训经验的成年人（16 岁以上）提供了获得 EQF 1 至 4 级专业资格的机会，使之获得和初等职业教育与培训具有相同地位的国家认可的资格证书。得到授权的专业培训机构独立或者与社会机构合作提供理论和实践培训，基于工作岗位学习的比例至少达到 70%。

<table>
<tr><td>年龄</td><td>年级</td><td colspan="2"></td><td colspan="3">成人教育</td></tr>
<tr><td></td><td></td><td colspan="2" rowspan="3">EQF 8级<br>博士课程<br>（3至4年）<br>ISCED 844、854</td><td rowspan="6">EQF 1至4级<br>毕业生就业培训</td><td rowspan="6">EQF 1至4级<br>失业者和弱势群体培训</td><td rowspan="6">EQF 1至4级<br>16岁以上工厂学徒培训</td></tr>
<tr><td></td><td></td></tr>
<tr><td></td><td></td></tr>
<tr><td></td><td></td><td colspan="2" rowspan="3">EQF 7级<br>硕士课程<br>（1至3年）<br>ISCED 747、757</td></tr>
<tr><td></td><td></td></tr>
<tr><td></td><td></td></tr>
<tr><td></td><td></td><td colspan="2" rowspan="3">EQF 6级<br>学士课程<br>（3至4年）<br>ISCED 645、655</td><td colspan="3" rowspan="3">EQF 5级<br>中学后职业教育（1至3年）<br>ISCED 453</td></tr>
<tr><td></td><td></td></tr>
<tr><td>18+</td><td>12+</td></tr>
<tr><td></td><td></td><td colspan="5" rowspan="2"></td></tr>
<tr><td></td><td></td></tr>
<tr><td>18</td><td>12</td><td rowspan="4">EQF 4级<br>普通教育课程<br>（4年）<br>ISCED 344</td><td rowspan="4">EQF 4级<br>职业教育课程<br>（4年）<br>ISCED 354</td><td rowspan="3">EQF 3级<br>短期培训项目<br>ISCED 352</td><td rowspan="4">EQF 4级<br>技术课程<br>（4年）<br>ISCED 354</td><td></td></tr>
<tr><td>17</td><td>11</td><td rowspan="3">EQF 3级<br>学校培训课程<br>ISCED 352</td></tr>
<tr><td>16</td><td>10</td></tr>
<tr><td>15</td><td>9</td><td></td></tr>
<tr><td></td><td></td><td colspan="5" rowspan="2"></td></tr>
<tr><td></td><td></td></tr>
<tr><td>14</td><td>8</td><td colspan="5" rowspan="4">初中教育<br>ISCED 244</td></tr>
<tr><td>13</td><td>7</td></tr>
<tr><td>12</td><td>6</td></tr>
<tr><td>11</td><td>5</td></tr>
</table>

**图 3-1　罗马尼亚职业教育系统**

注：ISCED(International Standard Classification of Education)指国际教育标准分类，EQF(European Qualifications Framework)指欧洲资格框架，箭头指行进路线。

资料来源：European Centre for the Development of Vocational Training (Cedefop).Spotlight on VET Romania[EB/OL].(2019-02-25)[2021-12-28].https://www.cedefop.europa.eu/files/8128_en.pdf.

## 第二节　罗马尼亚职业教育系统发展的多层次战略引领

罗马尼亚职业教育系统的发展既要着重提升国内职业教育与培训的质量和水平，又要关注同欧洲职业教育与培训发展的整体协调。在制定战略规划时，罗马尼亚吸收了很多欧洲层面的理念和举措。罗马尼亚职业教育系统的发展有赖于多层次的战略支持，包括《欧洲2020战略》《2015—2020罗马尼亚国家高等教育战略》《2014—2020国家研究、技术发展和创新战略》《2016—2020罗马尼亚职业教育与培训战略》《2015—2020年度终身学习战略》等。

### 一、《欧洲2020战略》

《欧洲2020战略》(European 2020 Strategy)是欧洲在转型过程中，将自身作为一个联盟来实现整体发展，力求在危机中变得更强大，实现智能、可持续和包容性增长的战略。智能增长强调发展以知识和创新为基础的经济；可持续增长强调促进更高效、更环保、更具竞争力的经济增长；包容性增长强调实现高水平就业经济，从而提供高水平就业，提高生产力和社会凝聚力。职业教育和培训在该战略中发挥着至关重要的作用，通过职业教育和培训对人力资本进行有效投资是欧洲战略的重要组成部分，主要遵循四项目标：一是使终身学习和行动成为现实；二是提高教育与培训的质量和效率；三是促进平等，增强社会凝聚力和积极的公民意识；四是在各级教育与培训中提升创造力，培养创新意识，包括企业家精神。该战略支持到2020年在欧洲实现以下目标：20至64岁年龄段人口的就业率从69%增加到至少75%；18至24岁人群的早期教育与培训辍学率低于10%；30至34岁人群至少有40%的人应该完成某种形式的高等教育；25至64岁人群至少有15%的人参与终身学习。

## 二、《2015—2020 罗马尼亚国家高等教育战略》

《2015—2020 罗马尼亚国家高等教育战略》(The National Strategy for Tertiary Education in Romania 2015—2020)建议制定新的法律法规和部门方案，以提高罗马尼亚高等教育的成就、质量和效率，并使高等教育更加符合劳动力市场需求，更容易使弱势群体获得。该战略旨在通过投资知识型经济的人力资本和研究基础，为罗马尼亚社会发展、经济增长、生产力和社会凝聚力提高做出贡献，使罗马尼亚到 2030 年成为具有有竞争力的高等教育机构的欧洲国家。该高等教育战略侧重于四个行动领域：加强高等教育的治理、融资、监测和评价；促进或鼓励普及高等教育，特别是针对代表性不足的群体；提高高等教育的质量和相关性；促进高等教育与经济的联系，特别是与劳动力市场和创新创业有关的合作。所以，该战略的实施将提高高等教育的参与率，促进发展高质量、灵活且与劳动力市场需求挂钩的课程，关注智能专业和社会知识交流。该战略的实施预计将影响超过 62.55 万人。①

## 三、《2014—2020 国家研究、技术发展和创新战略》

《2014—2020 国家研究、技术发展和创新战略》(The National Strategy for Research, Technological Development and Innovation 2014—2020)的愿景是建立一个创新生态系统，科学研究、技术发展和创新将在提高罗马尼亚经济竞争力方面发挥战略性作用。在这一系统中，研究、技术发展和创新战略支持社会的进步和创新链的增值，重点在于卓越发展和创业精神，期望学校和企业成为创新过程的关键参与者。这一战略选择产生了四个专业化的优先事项：一是生物经济，主要基于罗马尼亚国内相当大的农业潜力；二是信息和通信技术、空间和安全；三是能源和环境，以应对能源效率不足、水资源和关键材料替代的挑战；四是生态纳米技术和先进材料。另外增加了“卫生”“文化特性和遗产”以及“新出

① OECD & European Union. Supporting entrepreneurship and innovation in higher education in Romania[EB/OL].(2019-07-05)[2020-10-13].https://www.oecd.org/cfe/smes/HEInnovate-Romania.pdf.

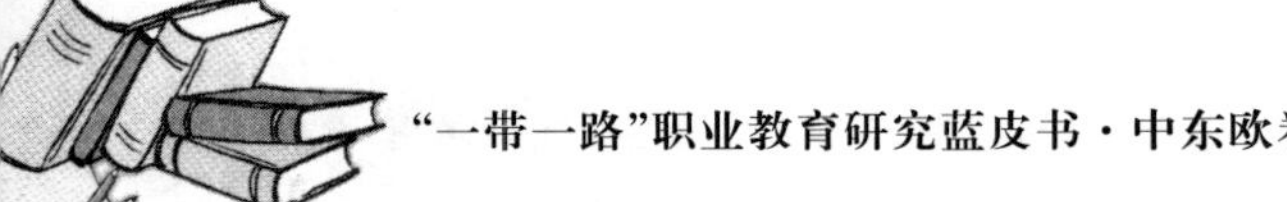


现的技术"这三个领域作为国家优先事项。在与欧洲融合的相关政策背景下,该战略将罗马尼亚与《欧洲 2020 战略》和欧洲创新联盟倡议中提到的欧盟新的科学和技术优先事项以及"地平线 2020 资助计划"联系起来。①

## 四、《2016—2020 罗马尼亚职业教育与培训战略》

《2016—2020 罗马尼亚职业教育与培训战略》(The 2016—2020 Romania Vocational Education and Training Strategy)是罗马尼亚初等职业教育与培训、成人职业教育与培训领域的政策框架文件。该战略建议发展一个有竞争力的职业教育与培训系统,以积极主动的方式在各种伙伴关系中实施措施,对经济需求做出快速的反应。罗马尼亚职业教育与培训战略提出四大战略目标:一是提高职业教育与培训系统的劳动力市场相关性,例如提高 20 至 34 岁年龄段年轻人的就业率。这一目标旨在确保职业教育与培训系统和劳动力市场的需求与趋势的紧密联系,并实际表达了职业教育与培训发展要对接劳动力市场需求,从而为经济发展做出重要贡献的理念。二是增加社会参与以获得职业教育与培训的机会,例如增加学生在技术高中接受职业教育的比例、提高成年人对终身学习计划的参与率。这实际上是鼓励终身学习,满足劳动力市场对高质量职业教育与培训的需求。三是提高职业教育与培训质量,例如降低学生在技术高中接受职业教育的辍学率、提高技术高中毕业生成功进入大学的比例、提高成年人对终身学习计划的参与率。考虑到整个职业教育与培训系统的质量保障要求,提高职业教育与培训的质量是其对提高经济竞争力做出重要贡献的基本要求,这将通过统一的质量保障框架、流程和机制来实现,并与欧洲质量保障体系保持协调一致。四是推动职业教育与培训的创新与合作,例如增加参与创新和发展计划的学生总数、提高学生创新创业率。它"突出了职业教育与培训领域所有行动的关键特征,通

① Ministry of National Education. The national strategy for research, technological development and innovation 2014—2020[EB/OL].(2014-04-05)[2021-07-23]. https://edu.ro/sites/default/files/_fi%C8%99iere/Minister/2016/strategii/strategia-cdi-2020_-proiect-hg.pdf.

过合作在各级职能伙伴关系中进行,并鼓励创新和创造”。①

## 五、《2015—2020年度终身学习战略》

罗马尼亚的终身学习战略愿景是基于罗马尼亚政府与社会伙伴之间的密切对话,以及在终身学习领域涉及的各种因素之间建立的联系,为所有人提供终身提高技能的机会,从而在劳动力市场取得成功并在社会中保持建设性关系。《2015—2020年度终身学习战略》(The 2015—2020 Lifelong Learning Strategy)的目标是增加成年人对终身学习的参与度,并提高职业教育与培训系统的质量和与劳动力市场的相关性。该战略将提高欧洲对所有形式的正规和非正规教育项目的资助水平,对劳动生产率和技能水平产生积极影响。该战略预计:一些职业教育与培训教师和管理人员将接受成人教育培训,以支持其参与终身学习,并使职业教育与培训的供给多样化。2020年的主要目标是让至少10%的成年人(25至64岁)参与终身学习活动,同时采取措施支持相关人员签订学徒合同,到2020年的目标是签订12.5万个合同。该战略总体目标是采取一种综合办法,减少区域之间的经济、社会和教育差距。② 为了尽可能增加获得终身学习的机会以及实现拟定目标,罗马尼亚规划并实施以下几项措施:一是承认先前的学习资质,包括在国外获得的技能;二是为增加的终身学习需求提供资金并为多样化的终身学习提供融资;三是提高终身学习信息的质量和可用性;四是促进高等教育机构和职业技术教育机构参与终身学习;五是完善国家资格框架;六是创建终身学习的质量保障、监测和评估系统。

---

① Ministry of National Education. The 2016—2020 Romania vocational education and training strategy[EB/OL].(2016-05-07)[2021-07-23]. https://www.edu.ro/sites/default/files/_fi%C8%99iere/Minister/2016/strategii/Strategia_VET%2027%2004%202016.pdf.

② European Centre for the Development of Vocational Training(Cedefop). Developments in vocational education and training policy in 2015—19: Romania[R]. Cedefop Monitoring and Analysis of Vocational Education and Training Policies,2020: 21.

## 第三节 罗马尼亚职业教育系统的质量保障

质量保障是罗马尼亚职业教育系统的重点，也是提高职业教育质量的重要手段。罗马尼亚通过建立国家质量保障框架、成立国家质量保障集团和大学预科教育质量保障机构等专门组织、健全多主体共同参与机制、完善内部流程和外部流程等多种方式促进职业教育与培训的质量保障，持续提升职业教育系统的质量和水平。

### 一、建立基于评估的职业教育系统质量保障框架

罗马尼亚《教育质量保障法》(第 87/2006 号法律)规定了一系列适用于各级教育的基本原则，如注重学习成果、提高质量、保护教育受益者、关注提供者的内部评估(即自我评估)过程。基于法律规定，罗马尼亚建立了职业教育与培训的国家质量保障框架(National Quality Assurance Framework，NQAF)，由原则、方法、行动、措施和工具等组成，积极让所有利益相关方，特别是雇主参与质量保障进程，在系统和提供者层面上确保职业教育与培训的质量。国家质量保障框架规定了实现职业教育与培训最佳效果的要求，促进职业教育与培训供求之间的全面对接，提高劳动者的就业能力，特别是在弱势群体获得职业培训和终身学习等方面发挥关键作用。

职业教育与培训的国家质量保障框架是基于自我评估的，评估包括质量管理原则，管理职责，资源管理(实物和人力)，学习方案的设计、开发和修订，教学、培训和学习内容，学习方式，质量改进等七个方面，并由若干个指标构成。自我评估是一个循环的过程，其结果由职业教育与培训提供者在年度自我评估报告中进行概述。对结果的判断是基于职业教育与培训提供者全年收集的教育证据，并且要求是有效的、可量化的、充分的、实际和可靠的。基于自我评估的职业教育与培训质量保障方式具有几个特点：一是以结果为导向；二是评估职业教育与培训提供者活动的各个方面，但主要关注职业教育与培训的质量；三是由所有受益人参与，包

括职业教育与培训提供者的员工,以及学生、家长、雇主等等;四是考察职业教育与培训对学生和其他利益相关者的影响;五是确定职业教育与培训提供者的优势和不足,并允许制订必要的改进方案。所以,自我评估本身并不是目的,而是质量保障持续改进的起点。

## 二、成立专门机构为职业教育系统质量保障提供组织支持

罗马尼亚成立国家质量保障集团(National Quality Assurance Group,GNAC),作为国家职业教育与培训质量保障的专门机构,联系和协调职业教育与培训质量保障体系的所有组成部分,并在全国范围内开展职业教育与培训的质量保障工作。国家质量保障集团是一个机构间的协调机构,负责实施欧洲和本国对职业教育与培训的质量保障措施。国家质量保障集团的主要职责包括:一是协助不同机构协调职业教育与培训的综合实施方法;二是起草职业教育与培训质量保障建议;三是向利益相关者通报欧洲职业教育和培训质量保障(European Quality Assurance in Vocational Education and Training,EQAVET)网络活动;四是提供罗马尼亚对 EQAVET 网络的工作方案国家层面的支持;五是在国家范围内支持实施 EQAVET 网络活动;六是提高利益相关者对使用 EQAVET 网络提出的原则、标准和指标所带来益处的认识;七是加强欧盟和罗马尼亚职业教育与培训之间的合作,包括同行学习、同行评审和基准测试等方式。

在初等职业教育与培训阶段,罗马尼亚大学预科教育质量保障机构(Romanian Agency for Quality Assurance in Pre-university Education,ARACIP)也参与质量保障。每个初等职业教育和培训方案都必须获得授权和认证,确保职业教育与培训提供者和项目符合政府标准。授权(许可证)是授予实施职业教育与培训和创设新的职业教育与培训课程的权利;认证在授权后进行,颁发教育部认可的文凭或证书。[①] 为了促进职业教育与培训质量保障体系的实施落到实处,罗马尼亚大学预科教育质量保障机构还修订了国家教育评价标准,构建以实施进度和绩效为中心的

---

① European Centre for the Development of Vocational Training (Cedefop). Vocational education and training in Romania: short description[R]. Luxembourg: Publications Office of the European Union,2019:54-56.

评价体系,重新定义在学校一级进行的自我评估过程以及外部评估过程。从技术角度看,新的评价标准体系减少了描述性指标的数量,增加了一般性标准的份额,以便更容易比较不同类型和教育水平的学校。同时通过增加教育机构必须在43个绩效指标中获得"非常好(Very Good)"或"极好的(Excellent)"评级的数量,提高评估和认证的质量水平,以此对学校进行更细致、更高标准的评估。新评价标准将通过绩效指标、授权与认证标准和参考标准以及通用和具体标准来促进职业教育与培训内部评估和外部评估的运用。

## 三、多主体参与,共同促进职业教育系统的质量保障

罗马尼亚职业教育系统建立了一个由广泛利益相关者共同参与的质量保障机制。除了作为质量保障主要专门机构的国家质量保障集团和大学预科教育质量保障机构,质量保障主体还包括教师、雇主、国家教育主管部门和地方政府、国家技术与职业教育及培训发展中心(National Centre for Technical and Vocational Education and Training Development, NCTVETD)、职业教育与培训学校管理委员会(Vocation Education and Training School Administration Boards, VETSAB)、学校质量保障和评估委员会(Evaluation and Quality Assurance Committee, CEAC)、县级学校督察等。不同主体分工不同,开展不同层次的职业教育与培训质量保障活动。(1)教师通过对学生满意度进行定期评估来提高教学过程的质量,参与规划教学和质量评估活动,同时了解并应用学校层面建立的质量保障措施。(2)雇主通过参与确定学校职业教育与培训需求,提供职业教育与培训机会,参与设计当地制定的职业教育与培训课程,参与工作场所的专业能力培训,参与学生获得的职业能力的认证以及提出改进职业教育与培训的建议来促进质量保障。(3)罗马尼亚教育部主要制定和执行国家职业教育与培训政策和战略,批准筹资和入学计划,监测、评价、控制和检查职业教育与培训机构及其运作,颁发职业教育与培训证书,并协调国家考试;地方政府主要执行国家职业教育与培训战略和政策,资助和发展地方一级的职业教育与培训,确保学校资金使用和基础设施建设得到保障。(4)国家技术与职业教育及培训发展中心对罗马尼亚教育部负责,主要通过评价和建议国家职业教育与培训政策和战略的修改,并协调

其执行，以及协调评估和认证初等职业教育与培训和职业资格专业培训标准来参与质量保障，同时确保国家、区域和地方各级利益相关方伙伴关系的发展和运作。(5)职业教育与培训学校管理委员会由7、9或13名成员组成，在与所有利益相关方协商，并考虑到区域和地方职业教育与培训优先事项后，制订或批准学校层面的行动计划，确定地方职业教育与培训需求，并认证学习者的职业能力。(6)学校质量保障和评估委员会主要对职业教育与培训质量保障活动和过程进行内部监控，对学校的职业教育质量进行年度自我评估，同时制定职业教育与培训质量改进建议，并纳入经修订的学校行动计划。(7)县级学校督察主要是指导和支持职业教育与培训学校的质量保障过程，利用自我评估报告来监测教育质量，对质量保障提出改进建议，同时宣传学校在质量保障方面的良好实践。不同组织主体在罗马尼亚职业教育系统的质量保障中都有明确的自身角色、定位和职责，维护职业教育与培训质量保障的优势，形成多主体促进职业教育系统质量保障的协同模式。

## 四、完善职业教育系统质量保障的内外部流程

罗马尼亚职业教育系统质量保障的实施流程较为严密，具体可分为内部流程和外部流程。内部流程包括制订计划、内部监测、自我评估、制定内容。(1)制定职业教育与培训的战略规划和实施计划，包括质量保障的总体目标、实施活动、资源支持、工作职责等。(2)对职业教育与培训进行内部监测，检查实施计划的活动是否按照约定的条款和责任开展，并通过对职业教育与培训课程的观察来评价教学过程的质量。内部监测可用来评估学校职业教育与培训既定目标、教学过程的现状以及存在的困难。(3)自我评估，这是职业教育与培训质量保障的主要过程，由职业教育与培训提供者根据相关材料评估教育与培训绩效，并出具自我评估报告。(4)制定和修订职业教育与培训质量保障的内容，主要通过制定职业教育与培训质量手册来确定质量保障内容和改进计划。质量保障手册一般包括职业教育与培训质量政策和质量保障的计划、程序、角色、职责等内容。外部流程包括外部监测、验证自我评估报告、批准改进计划、授权和认证培训方案、外部评估。(1)对职业教育与培训提供者和质量进行外部监测，在质量保障过程中向职业教育与培训提供者提供指导和支持，进行质

量控制以满足质量要求,并提出有关质量改进措施的建议。(2)根据职业教育与培训提供者的自我评估报告进行验证和反馈。(3)批准职业教育与培训提供者的质量改进计划,主要由罗马尼亚大学预科教育质量保障机构进行协调。(4)根据《教育质量保障法》(第87/2006号法律)、罗马尼亚教育部和罗马尼亚大学预科教育质量保障机构的规定,对相关机构实施职业教育与培训的过程和组织学生入学的权利,获得由教育部认可的颁发文凭、证书和其他学习文件的权利,组织毕业或认证考试的权利,以及职业教育与培训提供者及其培训方案是否符合预定标准进行授权或认证。(5)对职业教育与培训提供者和项目质量的外部评估,主要是由独立专家在罗马尼亚大学预科教育质量保障机构的协调下对职业教育与培训提供者及其项目是否符合质量标准进行多维度审查,每5年进行一次。① 罗马尼亚职业教育系统质量保障内部流程与外部流程的联动与协同,形成了质量保障的闭环系统,促进了职业教育与培训质量的稳步提升。

## 第四节 罗马尼亚职业教育系统的发展趋势

需求驱动的职业教育系统和发展模式是最具劳动力市场相关性、最有效和最有吸引力的。近年来,罗马尼亚职业教育与培训发展面临着许多挑战,其中之一就是努力从集中、命令驱动的系统转向灵活、需求驱动的系统,其主要原则是力求扩大不同行为者在职业教育与培训各个阶段的参与程度。所以,提高职业教育与培训的质量和吸引力及其与劳动力市场的相关性仍然是主要挑战,也是罗马尼亚职业教育与培训改革发展的逻辑主线和主要趋势。

---

① Ministry of National Education. Quality assurance in Romanian technical and vocational education and training (2019) [EB/OL]. (2019-10-12) [2021-12-28]. https://www.alegetidrumul.ro/uploads/proiecte_Asigurarea_calitatii_ENG_FINAL.pdf.

## 一、罗马尼亚职业教育系统的实践挑战

### （一）罗马尼亚经济下行压力增大，教育投入不足且持续减少

受全球经济疲软和新冠肺炎疫情影响，2020 年罗马尼亚 GDP 增长率为－3.9%，为近十年来最低；财政预算赤字达到 211 亿欧元，同比增长 1.1 倍，占 GDP 的近 10%。罗马尼亚通胀率的数值和升幅在中东欧国家中都处于较高水平。欧盟委员会认为罗马尼亚是欧盟中面临经济高度失衡问题的 13 个国家之一。经济负增长促使教育投入进一步减少，用于支持职业教育与培训发展的投资更是不足。2019—2021 年，罗马尼亚教育预算从 63 亿欧元减少到 59 亿欧元，占各年 GDP 的比重均不足 3%，在欧盟国家中处于低水平，并进一步拉大与欧盟平均水平的差距。同时，罗马尼亚尚未建立与经济增长相适应的教育投入机制。2017 年，政府一般教育支出仅相当于 GDP 的 2.8%，明显低于欧盟 4.6%的平均水平，与当年该国 7%的经济增速形成鲜明对比。① 低水平的教育投入使职业教育与培训难以实现高质量发展。

### （二）教育改革缓慢，职业教育与培训水平与欧洲整体差距较大

1989 年以后，罗马尼亚的教育体系开始了改革进程，但改革的实施是一个非常缓慢而困难的过程，存在许多问题，包括所谓的“混乱增长”（chaotic growth），比如学生人数快速增长、教师短缺、课程教材以及信息技术跟不上时代发展要求等等。② 21 世纪以来，罗马尼亚在现代化国家发展的新征程中持续改进职业教育系统和制度，期望与欧洲职业教育发展政策和目标保持相一致。然而，罗马尼亚职业教育与培训发展的水平与欧洲特别是欧盟成员国的平均水平差距较大。2017 年，罗马尼亚所有高中学生（ISCED 3 级）中有 56.2%的人参加职业教育与培训课程，尽管

---

① European Commission. Education and training monitor 2019: Romania[R]. Luxembourg: Publications Office of the European Union, 2019: 5.

② Cheri Pierson, Megan Odsliv. Perspectives and trends on education in Romania: a country in transformation[J]. International Journal of Humanities and Social Science, 2012(2): 5-13.

略高于欧盟平均水平,但这一比例仍然逐年降低。参加职业教育与培训的学生接触以工作为基础的学习有限,只有10.3%的高中阶段职业教育与培训学生接受了这方面的训练,尽管比2015年高了2.8%,但相比之下远低于欧盟27.9%的平均水平。2018年,罗马尼亚初等职业教育与培训毕业生(20至34岁)的就业率为79.5%,与2015年相比提高了3.9%,但仍然低于欧盟80.5%的平均水平。终身学习的参与率从2014年的1.5%下降到2018年的0.9%,远低于10%的欧盟平均水平和罗马尼亚2020年目标。① 罗马尼亚的职业教育与培训仍然必须继续并加快改革步伐,让更多的行动主体、利益相关者和机构参与,提高职业教育与培训的质量和水平。

### (三)职业教育与培训吸引力有待提升,辍学风险长期存在

罗马尼亚民众对职业教育与培训的兴趣普遍很低,学生、家长和雇主对职业教育与培训系统的信任挑战仍然存在。中学阶段职业教育与培训的参与率一直在下降,不少职业学校合并甚至关闭。自2012—2013学年以来,职业教育高中的数量减少了8.5%。同时,职业教育与培训的学生和毕业生人数也持续减少,获得职业资格证书的学生人数也较少。一方面,学生和家长更喜欢接受普通高中教育而不是职业教育的学习途径,大多数基础教育学习者毕业后也是选择高等教育而不是职业形式的培训。学习者没有准确地了解他们自身的职业发展道路,职业教育与培训的职业路线也并没有得到广泛推广,对学习者缺乏吸引力。② 另一方面,企业发展需要高素质的技能劳动者,以保持其在全球市场上的竞争力,而雇主的期望和年轻人的职业技能往往不匹配。此外,罗马尼亚职业教育与培训发展的挑战还包括接受职业教育与培训的机会不平等,以及学习者辍学的比例和风险很高,尤其是农村地区、贫困社区和少数族裔的年轻人。2009—2018年罗马尼亚职业教育与培训的辍学者比例一直保持在15%

---

① European Centre for the Development of Vocational Training(Cedefop). Developments in vocational education and training policy in 2015-19: Romania[R]. Cedefop Monitoring and Analysis of Vocational Education and Training Policies,2020: 34.

② Silvia Irimiea. The development of the Romania vocational education and training system[J].Studia Ubb Geographia,LVIII,1,2013:185-198.

至20%之间,连年高于11.3%的国家目标。2018年,过早离开职业教育与培训的人数(18至24岁)比例达16.4%,远高于10.6%的欧盟平均水平。为应对这一挑战,罗马尼亚制定了《2015—2020年度减少辍学的战略》(2015—2020 Strategy to Reduce Early School Leaving),建立一个预警、干预和补偿机制,帮助发现有辍学风险的年轻学习者,减少辍学者人数,期望到2020年将这一比例降至11.3%以下。①

## 二、罗马尼亚职业教育系统发展的新变化

### (一)制定战略规划,针对职业教育与培训确定优先事项

2016年,罗马尼亚制定《2016—2020罗马尼亚职业教育与培训战略》,旨在加强职业教育与培训供给和劳动力市场需求之间的联系,提出"到2020年,罗马尼亚职业教育和培训系统将利用人力资源的能力和技能,满足劳动力市场和直接受益者的需求。"②并针对职业教育和培训的新发展确定了优先事项,包括四个战略目标:一是改善职业教育系统与劳动力市场的相关性;二是增加职业教育与培训参与率;三是提高职业教育与培训质量;四是发展职业教育与培训方面的创新与合作。该战略根据《欧洲2020战略》的目标和罗马尼亚承担的目标制定,整合了初等职业教育与培训和成人职业教育与培训,提出了一种连贯的职业教育与培训方法,从而为满足劳动力市场的需求开发一个可获取的、有吸引力的、有竞争力的职业教育与培训系统。

### (二)持续修订职业资格标准,增强职业教育与培训和劳动力市场的相关性

2016年,罗马尼亚教育部批准了EQF 3级和EQF 4级的初等职业

---

① European Centre for the Development of Vocational Training (Cedefop). Innovation in VET Romania[EB/OL]. (2014-08-25)[2022-01-17]. https://cumulus.cedefop.europa.eu/files/vetelib/2014/2014_Innovation_in_VET_RO.pdf.

② Ministry of Education of Romania. The 2016—2020 Romania vocational education and training strategy[EB/OL]. (2016-05-07)[2022-01-25]. https://www.edu.ro/sites/default/files/_fi%C8%99iere/Minister/2016/strategii/Strategia_VET%2027%2004%202016.pdf.

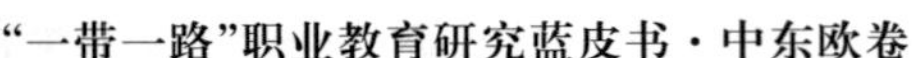


教育与培训资格的新培训标准,以确保学生毕业后的职业资格与工作现实更好地匹配,从而提高职业教育与培训和劳动力市场的相关性。2017年,政府修订了EQF 3级资格认证考试的方法,并引入了技能实践考试,进一步提高职业资格证书与劳动力市场的相关性。2018年,政府又更新了职业标准的制定、验证和批准的方法,资格管理局和劳动部在国家资格框架中引入了EQF 1级,劳动部又制定了一份基本职业清单,可以为就业不成熟的成年人提供获得1级资格的计划,例如六个月的学徒培训计划。同时,罗马尼亚还更新职业教育与培训课程,制定促进职业教育与培训卓越的教学机制,以促进职业教育与培训成为学生的首选。

### (三)引入双重职业教育与培训模式,提高职业教育与培训的质量和吸引力

从2017—2018学年开始,罗马尼亚职业教育系统引入了双重职业教育与培训模式,其作为职业教育初始阶段的一部分,目前仅在EQF 3级实行,未来将扩展到EQF 4级和EQF 5级。双重职业教育与培训模式需要企业更多地参与和支持,为学生提供培训岗位和实践机会。在职业教育三年学制的第一年中,学生理论学习占总学时的40%,实践学习占总学时的60%。到了第三年,实践活动训练将占学校学习时间的75%。引入双重职业教育与培训是罗马尼亚职业教育系统对不断增长和多样化的劳动力市场需求的回应,也是为了改善职业教育系统对罗马尼亚经济和社会发展动态的反应。2019年,罗马尼亚成立国家双重职业培训管理部门(National Authority for Dual Vocational Training in Romania, ANFPISDR),在2019—2020学年推广双重职业教育与培训模式,并制定2019—2023年罗马尼亚双重职业教育与培训发展战略草案,同时起草一些立法提案,将双重职业教育与培训的学习时间延长至3.5年。双重职业教育与培训实际上是学校学习和工作场所实践相结合的教育模式,一方面能够促进罗马尼亚经济和社会发展,另一方面也有利于提高终身学习参与率和降低辍学者比例,提高职业教育与培训的质量和吸引力。

# 第四章　塞尔维亚职业教育

塞尔维亚共和国(The Republic of Serbia),简称塞尔维亚,位于巴尔干半岛中北部,边界总长2457公里,面积为88499平方公里。塞尔维亚共和国的教育历史悠久,其始于11世纪和12世纪,虽然经历了战火洗礼以及政权的更迭,但是塞尔维亚政府和民众怀揣的发展教育,实现国家现代化的理想始终不变。塞尔维亚也是我国在中东欧国家的第一个战略合作伙伴,被中国人民亲切地称为"塞铁兄弟",两国在贸易合作和文化交流方面的历史源远流长。以2021年中国—中东欧国家领导人峰会成果清单为例,在已签署的88项合作项目中,涉及塞尔维亚的共计20项,占22.73%,多个中塞合作基础项目的开建和推进势必需要国内职业教育的助力。目前,双方已经签署的教育领域国际双边协定,在科技创新合作和联合资助开发研究项目上成果略丰,但鲜有职业教育方面的项目合作。两国职业教育体系不仅存在着体系层级的不对称,还存在着学分互认和国家资格认定等技术壁垒,这将是两国未来在职业教育领域合作面临的现实困境。因此,对塞尔维亚职业教育的发展历史、体系构建、类型特征和发展趋势进行梳理和总结,不仅能为我国当前构建普职通融的现代职业教育体系提供有益借鉴,也可以为我国继续推进与塞尔维亚等中东欧国家开展"一带一路"教育行动计划战略提供研究支撑。

## 第一节　塞尔维亚职业教育历史基础

塞尔维亚职业教育有着深厚的发展基础和理念,这可以追溯到南斯拉夫社会主义共和国时期。新中国成立初期,我国就有多位学者对南斯拉夫的职业教育开展研究和实地考察,并把相关经验传播至国内。南斯

拉夫尤为注重教育和产业的联系与融合，推出的职业定向教育政策在当时的社会主义国家引起广泛关注。

## 一、南斯拉夫职业教育理念

南斯拉夫教育理论不仅强调个人的全面发展，还非常重视为职业做准备。其所推行的职业指导和校企合作的职业教育发展理念，贯穿于整个小学、中学和大学阶段。南斯拉夫从初等学校起，就将职业指导列入教育内容之中，到了中等学校的第一阶段，就更为重视职业指导，主要包括三方面的内容：一是让学生了解职业的状况，包括具体职业的社会地位、作用、对工作人员的要求、工资收益，以及社会对此项职业人员的需求量等，目的是使学生在对各种职业有所认识的基础上进行选择，减少盲目性。二是了解学生的兴趣、爱好和特长，了解他自己决定的职业方向和家长对子女职业选择的意见及标准，并对此种选择的合理性和可能性进行分析。三是调节社会需要、学生个人志向和家长愿望三者之间的关系，帮助学生做出正确的选择，提出最佳方案。南斯拉夫主要通过三种方式建立教育和劳动关系，一是教育部门与有关生产部门鉴订合同，协商有关教育的资金、物资设备，学校工作计划，教职工的招聘、工资等一系列学校教育工作的重大问题。二是学生和企业直接签订合同，企业按照合同提供学生学习期间的全部学习费用，学生在学习期间可在企业学习，毕业后须在该企工作一定的年限，以偿还企业提供的费用，然后才有自由选择工作单位的权利。三是加强劳动企业对教育事业的参与，小型企业可联合成立业余初级学校与中级学校，大的企业则有自己的学校。

## 二、南斯拉夫职业教育学制

南斯拉夫政府十分重视发展教育事业，把教育作为政治改革和经济建设的一个最积极的因素，认为“没有教育，要建设社会主义是不可能的”。南斯拉夫学制是八四四制，即初等教育（小学和初中）年限为八年，前四年相当于小学，后四年相当于初中，中等教育（高中）学制四年，高等教育（大学）学制四年。大学后的教育是培养硕士和博士的专门化教育。南斯拉夫的高等教育主要包括本科和专科，非常重视将职业教育融入本科和专科的课程、职业指导以及资格证书的获取过程，设有大量培养技术人才的专科院校。20 世纪 50 年代，比较有名的专科学校，有贝尔格莱德商学院（1956 年）、贝尔格莱德铁路学院（1957 年）、贝尔格莱德纺织学院（1958 年）、普里什蒂纳教师培训学院（1958 年）、贝尔格莱德理工学院（1959 年）、诺维萨德理工学院（1959 年）、泽蒙技术机械学院（1959 年）。中学分为多种类型，其中普通中学主要为升入大学做准备，技术学校（技术、医学、农业、经济、行政等）培养中等水平的技术人员，师范学校培养幼儿园的教养员和小学教员，艺术学校培养音乐、舞蹈、工艺美术（应用艺术）方面的中等专业技术人员。

## 三、南斯拉夫定向教育

1974 年 5 月，南共联盟第十次代表大会通过了《关于南共联盟根据自治原则对教育进行社会主义改革的任务》的决议，决定以多级的定向教育代替过去实行的基础教育后的学校划分①，前两年实行普通教育，后两年实施职业教育。1986 年 4 月塞尔维亚共和国议会通过了新的《定向教学教育法》，新法对定向教育做了重要的调整，取消了分阶段实施中等定向教育的做法，采用普通教育和职业教育同步实施的办法，前两年以职业教育为主，后两年以职业教育为主。例如，中等定向教育学校一年级至四年级普通教育与职业教育之间的比例如下：一年级为 74%∶26%，二年级为 68%∶32%；三年级为 30%∶70%，四年级为 27%∶73%。② 1974 年南斯拉夫还建立起从中学生到博士的职业资格级别框架，中等定向教育第一阶段毕业可获得第二级职业资格，第二阶段毕业可获得第四级职业资格，大学毕业可获得第八级职业资格，研究生毕业可获得第九级职业资格，博士毕业可获得第十级职业资格。

① 熊承涤.南斯拉夫的教育改革[J].人民教育，1979(11)：63-64.

② 基俊.南罗朝三国中等教育结构的比较[J].外国教育动态，1980(2)：9-12.

# 第二节　塞尔维亚职业教育体系

南斯拉夫解体后,2003 年塞尔维亚加入博洛尼亚进程,成为欧洲高等教育区的正式成员。博洛尼亚进程整体推动了塞尔维亚教育系统融入欧洲教育一体化体系。塞尔维亚教育系统非常完备,从纵向上看,可以分为学前教育、初等教育、中等教育和高等教育。从横向上看,中等教育可以分为普通中等教育和职业中等教育。高等教育可以分为学术教育和职业教育。单从职业教育子系统看,可以分为中等职业教育、高等职业教育和成人职业教育。

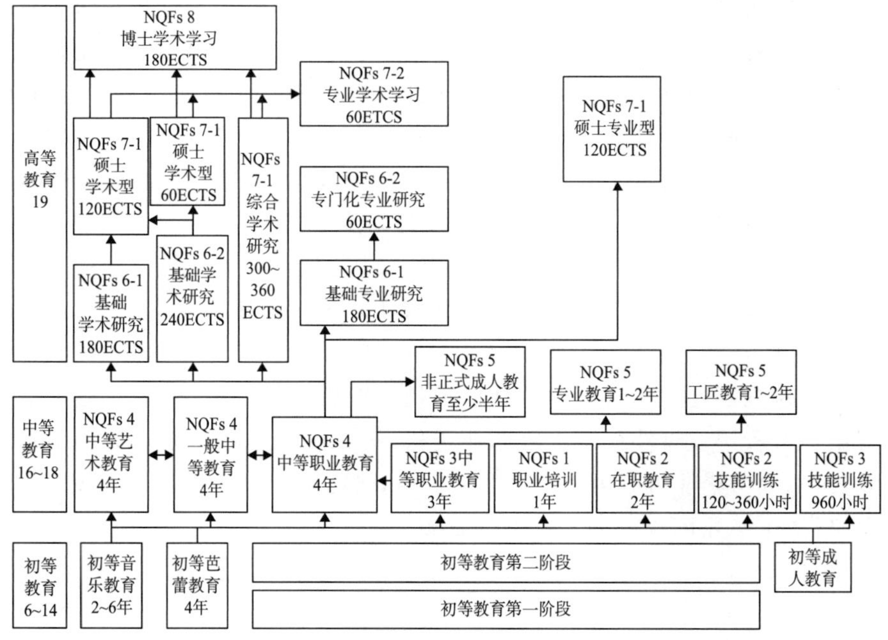


**图 4-1　塞尔维亚教育体系框架图**

资料来源: Doutor Luís Capucha. Report on the referencing of the national qualifications framework to the european qualifications framework[EB/OL].(2011-06-11)[2022-01-06]. https://europa.eu/europasssystem/files/2020-06/Portuguese%20Referencing%20Report.pdf.

图 4-1 中 NQFs 是 National Qualifications Frameworks 的缩写，翻译为国家职业资格框架。ECTS 是 European Credit Transfer and Accumulation System 的缩写，翻译为欧洲学分互认体系。塞尔维亚不同年限的职业教育培训和不同阶段的教育都可对应到不同等级的国家职业资格框架级别，本科、硕士、博士这些不同的学位需要修得不同数量的学分。

## 一、国家职业教育管理机构

### （一）职业与成人教育委员会

职业与成人教育委员会（CVEAE）的工作受《教育体系基础法》（LFES）管理，负责发展和改进职业和成人教育。CVEAE 由 21 名成员组成，成员任期 6 年，由政府从商会、工匠协会、雇主协会代表，职业教育与培训和成人教育领域专家及协会教师，职业学院以及教育领域有代表性的工会代表中选任。CVEAE 职责范围主要包括监督和分析教育领域的实际情况，检验其是否与欧洲原则和价值观相适应；参与职业教育发展和质量改进战略的制定，特别是中等职业培训、成人教育、专家和工匠培训、针对有发展障碍和残障人士的中等职业培训以及其他形式的职业教育；制定教育规划目录、中等职业教育和特殊教育成就标准、附属成人职业学校和成人学校运作的质量标准、职业培训和教育计划的实施标准，确定教育规划的部分课程和教学大纲，即中等职业教育和职业培训、成人教育的科目以及其他形式职业培训的课程和教学大纲；批准专业考试、技术考试、实用技能培训期末考试、专业技能考试、培训结业考试等测试，还包括预科考试和各类职业学校期末考试；批准教科书、教学工具和教学材料的应用，批准国家资格框架。

### （二）国家资格框架委员会

国家资格框架委员会（CNQF）是一个咨询机构，它根据终身学习、就业、职业指导和咨询领域的公共政策，就规划和发展人的潜力的过程提出建议。其理事会可以在国家资格框架法（LNQF）内执行规定，理事会有 25 名成员，代表各利益相关方。2018 年 CNQF 成立了国家资格认证机构,并下设12个行业技能委员会。国家资格认证机构是政府的专业组织,其职责为制定资格标准,承认外国学校和高等教育文件,为CNQF提供政策支持,每年向塞尔维亚共和国政府提交年度报告。行业技能委员会主要作用是在中等教育、高等教育和成人教育中开展与具体资格相关的活动。

### (三)高等职业学院联合会

高等职业学院联合会,由职业研究院、专业学院和四年制职业学院组成。职业研究院院长、专业学院院长和四年制职业学院的院长作为代表出席大会。高等职业学院联合会的职能是处理在促进教育-职业和教育-艺术活动中出现的共同问题,协调专业院校和四年制职业学院的校际活动和交流。提出服务于教育、科研、艺术和专业工作的质量评估标准的制订方案;提出旨在改善专业院校和四年制职业学院财务状况和学生生活水平的措施。此外,区域自治单位或者地方自治政府单位可以单独与其他地方自治政府单位合作,依据公共服务相关法律,建立职业与技能培训中心。

## 二、职业教育政策法规

### (一)《中等职业教育和培训的原则》

2007年塞尔维亚颁布了《中等职业教育和培训的原则》,内容包括中等职业教育与培训改革目标方案、职业教育与培训发展的基本方法、中等职业教育与培训体系的结构、中等职业教育与培训课程、职业教育与培训的有关标准等。

### (二)《双重教育法》

2017年塞尔维亚颁布了《双重教育法》(The Law on Dual Education),《双重教育法》是塞尔维亚一部重要的职业教育法规,双重教育是在职业教育和培训体系中实施的一种教学模式,学校提供理论教学,“雇主”提供“基于工作岗位学习”,学生获得知识、技能和态度。“雇主”是法人实体或企业家的统称,“基于工作岗位学习”是一个有组织的过程,是指学生在教师和协调员的指导和监督下，在真实的工作环境中获得特定职业能力。教师是用人单位聘用的人员，负责实施教学计划和方案规定的内容。协调员是职业学校雇佣的职员，负责监督、实现和评估基于工作岗位学习的实施情况。该法律还规定了实现双重教育的内容和方式，学生、父母、学校、雇主的权利和义务，并对学生的物质和经济安全做出了规定。其包括3部相关手册，具体如下。

**表4-1　《双重教育法》相关手册一览表**

| 部门 | 文件 | 时间 |
| --- | --- | --- |
| 教育与科技发展部 | 《关于培训计划、详细条件和其他对参加教师考试的重要问题的手册》 | 塞尔维亚共和国官方公报，2018年9月21日第70号 |
| | 《关于安排学生从事基于工作岗位学习的规则手册》 | 塞尔维亚共和国官方公报，2018年12月21第102号 |
| | 《关于在中学实施双重教育的职业指导、咨询、活动的详细条件的手册》 | 塞尔维亚共和国官方公报，2019年1月9日第2号 |

### （三）《国家资格框架法》

2018年塞尔维亚颁布了《国家资格框架法》(The law of National Qualification Framework)，该法在南斯拉夫时期建立起的基本框架基础上，对现行的高等教育资格制度、职业教育资格制度、成人教育资格制度、私营部门资格制度进行了整合，从而形成了全面的国家资格体系。国家资格框架有8个层次，6～8级适用于高等教育，1～5级适用于于职业教育。塞尔维亚国家资格框架委员会是在初级教育、中等教育、成人教育和高等教育等子系统中发展、实施、评估和授予资格的主管机构。资格认证不仅包括对各级教育中的正规教育、非正规教育的认证，还包括对先前学习(个体之前的学习经历和水平)的认证。塞尔维亚国家资格框架实现了整个教育系统横向和纵向的流动，使得人们能够灵活地就业，将教育和工作联系起来，可以更容易适应工作环境的变化，满足劳动力市场的需求。

### （四）《高等教育双重模式学习法》

2019年塞尔维亚颁布了《高等教育双重模式学习法》(The Law on the Dual Model of Studies in Higher Education)，该法包含了《博洛尼亚宣言》和《里斯本公约》的基本原则，该法规定学生必须与雇主签订就业学

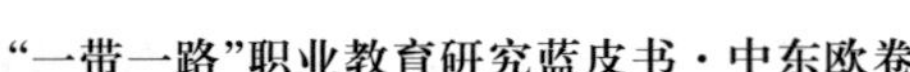


习合同。学生通过相关学习来获得提高能力所需的技能,这种学习的本质是基于工作岗位的学习。法律规定雇主不能雇佣学生从事与他们的职业不相关的工作。学生在入学前自行决定是否接受这一模式的学习。这一模式实质是一种学习培训模式,包括三组参与者:学生、高等教育机构和雇主,高等教育机构和雇主之间的相互关系是由双方协议来管理的,而雇主与学生的关系是通过基于工作岗位的学习协议来管理的。

## 三、塞尔维亚职业教育的层次与类型

### (一)中等职业教育

塞尔维亚中等职业教育分为学历类和非学历类教育,学历类教育主要包括三年制学历教育和四年制学历教育。非学历教育包括 1 年的职业培训、2 年的工作教育、1～2 年的专业教育、1～2 年的工匠教育等多种形式。学生进入中等教育阶段通常为 15 岁,离开中等教育阶段通常为 18 岁。中等职业教育教学计划由国家统一制订,三年制中等职业教育课程包含 30%的普通教育课程和至少 65%的职业教育课程,四年制职业教育课程包包含 40%的普通教育课程和至少 55%的职业教育课程①。职业教育课程主要涵盖建设、机械工程、农业、林业、健康、经济、餐饮和贸易等专业。课程类型有模块课程、必修课程、专业实践等。多样化的课程设置可以实现普通教育和职业教育、理论学习和专业实践之间的平衡,在一个或多个工作领域的框架内实现横向和纵向的流动,便于实现中等教育与高等教育的衔接,以便提升学习者进一步接受高等教育机会。2020 年塞尔维亚四年制中等职业教育的覆盖率为 52.7%,三年制中等职业教育覆盖率为 11.9%。②

---

① Republika Srbija Ministarstvo Prosvete. Povezivanju nacinalnog okvirakvalfikacji epublike rbjesa evropskim okviromklifacj zacelazvotno ucene okvrom kkalfkcj ropskog prostora iskog obrazovania[EB/OL].(2019-12-11)[2022-01-06].https://zuov.gov.rs/wp-content/uploads/2021/02/Izvestaj-o-Povezivanju-NOKS-a-sa-EOK-om.pdf.

② Ministry of Education, Science and Technological Development, Republic of Serbia. Decision ocument on co-funding of Serbian-Hungarian joint research projects in the period 2021—2023[EB/OL].(2021-08-25)[2022-01-07].http://www.mpn.gov.rs/wp-content/uploads/ 2018/08/AP-SROS-IZVESTAJ-15jun.pdf.

### (二)高等职业教育

塞尔维亚高等教育系统实行双轨制,即学术教育和职业教育并行。高等职业教育主要是本科阶段的职业教育和研究生阶段的职业性专业教育,而不是以大专学历教育为主,这是与我国职业教育在学历层级上有本质的不同。高等职业教育院校主要包括职业研究学院、专业学院和四年制职业学院三种类型。职业研究学院的成立需要经过认定,具有高等教育资质的教学机构在教育和艺术领域开设至少五门得到认可的职业研究课程,便可申请成立职业研究学院。职业研究学院是可实现基础职业学习、硕士职业学习和专科职业学习的独立高等教育机构。专业学院是隶属于大学内部的独立学院,大学是在一个或者多个领域内开展科学研究、专业或艺术工作的独立高等教育机构,可以实现所有类型和学位的学习,大学内的学院是非独立机构,专业学院可以开展职业教育课程学习。四年制职业学院是指开展自然科学或者数学、社会科学和人文科学、医学科学、土木工程和化学工程、艺术中一个或多个领域的基础职业课程和专业性职业课程学习的独立高等教育机构。近年来,塞尔维亚接受高等教育的青年的覆盖面从 2015 年的 48%增加到 2019 年的 54.7%,接受高等教育的人口比例从 2015 年的 18.7%增加到 2019 年的 20.4%。①

### (三)成人职业教育

塞尔维亚成人教育包括正规教育、非正规教育和非正规学习。成人职业教育主要是提高个人职业发展的知识、技能,为成年人提供职业发展和就业的专业支持。中等正规成人教育在高中实施,所招收的成人学习者(17 岁以上)为非全日制学生,成人学习者获得的毕业证书与职业教育中获得的毕业证书相同。成人通过接受持续一年或两年专业教育或者拥有至少两年的特定专业工作经验都可以获取国家职业框架 NOKS 4 水平的专业资格,完成专科教育后通过专科考试,可获得国家职业框架 NOKS 5水平的专科考试合格证书。非正规成人教育是一种有组织的成人学习过程,以特殊课程为基础,以获取知识、技能、态度和价值观为重

---

① Mariya Gabriel.Education and training monitor 2020[EB/OL].(2020-11-12)[2022-01-05]. https://op. europa. eu/webpub/eac/education-and-training-monitor-2020/en/chapters/foreword.html.

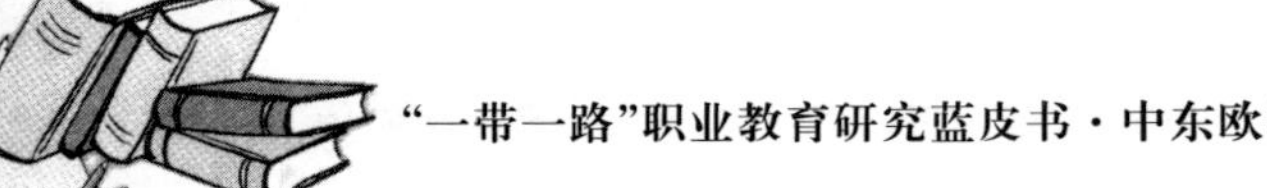


点，关注个人发展、工作和就业以及社会活动。非正规学习是成年人在日常生活、工作和社会环境中独立获得知识、技能、价值观、态度的过程。塞尔维亚将成人职业教育作为解决就业问题的重要途径，国家就业服务局每年都会组织额外的教育和培训。例如，2018 年面向劳动力市场和雇主的需要，针对叉车司机、数控机床操作员、簿记员、老年家庭主妇开展各类培训。2020 年成人培训参与率高于 2018 年的 4%，但远低于欧盟 11%的平均水平①。

## 第三节　塞尔维亚欧盟教育一体化实现路径

塞尔维亚教育系统可以划分为学前教育、初等教育、中等教育和高等教育四个阶段，这和我国教育阶段的划分情况大体一致。但塞尔维亚职业教育与其他类型教育的融合度和衔接性都更为紧密。为了更好地分析原因，寻找我国职业教育在体系构建方面的差距，有必要将塞尔维亚职业教育子系统放入整体教育体系和欧盟教育一体化背景中进行分析。2005 年塞尔维亚出台了新的高等教育法，该法正式引入欧盟教育一体化规定的学分转换制度、学习和文凭补充制度、三周期学习研究制度，通过教育文凭、ECTS 学分认定和国家资格框架三大欧盟教育一体化工具，真正实现了职业教育与其他类型和层次教育的纵向贯通及横向融通。

### 一、学历系统

塞尔维亚学历教育可划分为五个阶段，即初等教育、中等教育、大学教育、硕士研究生教育、博士研究生教育阶段。与我国不同的是，塞尔维亚实行学术教育和职业教育双轨制，本科学位分为学术型学位和专业型学位，学术教育和职业教育可通过学分灵活转换。如在大学本科阶段，普通中学和职业中学的毕业学生可以通过四年学术教育，获得荣誉学士学

---

① Vojislav Koštunica. Strategiju razvoja obrazovanja odraslih u republici srbiji [EB/OL]. (2022-01-10) [2022-05-26]. http://atina.org.rs/sites/default/files/strategjia razvoja_obrazovanja_odraslih.pdf.

位，荣誉学士学位只有学术型。也可以通过 3 年的学术教育或者 3 年的职业教育，获得学士(申请)学位，学士(申请)学位包括基础学术研究和基础专业研究两类，分别对应学术教育和职业教育。普通中学和职业中学的毕业生也可以直接通过 5 年的学术教育，获得学术硕士学位。在硕士研究生阶段，已取得荣誉学士学位的学生可以通过 1 年的学术教育获得学术型硕士学位，已取得学士(申请)学位(学术型)的学生可以通过 2 年的学术教育获得学术型硕士学位，已取得学士(申请)学位(专业型)的学生可以通过 2 年的职业教育获得专业型硕士学位。在博士研究生阶段，已经取得硕士学位的学生通过 3 年的学术教育，获得博士学位，博士学位只有通过学术路径获得。值得一提的是，塞尔维亚学历体系中具有特色的是获得学术型硕士学位的学生还可以通过 1 年的职业教育，获得专家职称(专业研究第二硕士学位)。

**表 4-2　学历系统一览表**

| 阶段 | 教育路径 | 修业年限及学位 |
| --- | --- | --- |
| 本科阶段 | 学术教育路径 | 通过 3 年基础学术研究，获得学术型学士(申请)学位；通过 4 年基础学术研究，获得荣誉学士学位 |
| | 职业教育路径 | 通过 3 年基础职业学习，获得专业型学士(申请)学位，再通过 1 年的职业教育，获得专业型学士学位 |
| 硕士阶段 | 学术教育路径 | 直接通过 5 年的综合学术研究，获得学术型硕士学位；在 4 年基础学术研究后，进行 1 年学术研究，获学术型硕士学位；在 3 年基础学术研究后，进行 2 年学术研究，获学术型硕士学位 |
| | 职业教育路径 | 在 3 年基础职业学习后，进行 2 年职业学习，获得专业型硕士学位 |
| 博士阶段 | 学术教育路径 | 取得硕士学位后，进行 3 年的学术研究，获得博士学位 |

此外，高等教育机构还可以开设 30 到 60 个 ECTS 学分的短期学习课程，但这类短期学习与欧洲高等教育领域的短期学习计划不同，目前塞尔维亚国家资格框架中没有针对它们的级别或描述。

## 二、学分转换系统

欧洲学分转换系统(简称 ECTS)是塞尔维亚实现欧盟教育一体化的

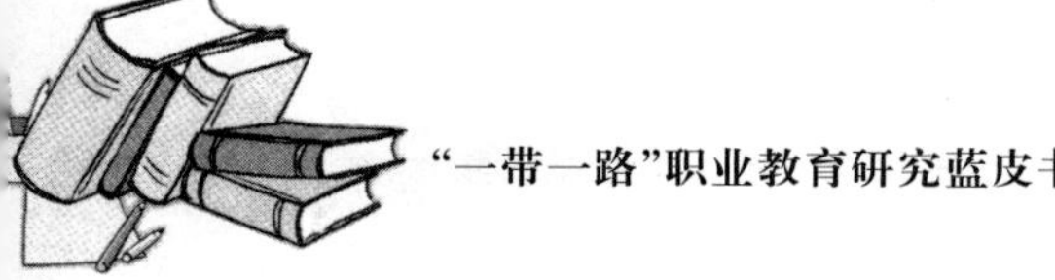



基本工具。根据规定,学生可以通过学习项目获得学分,学习项目包括学生参与教学活动(讲座、练习、实习、研讨会等)、座谈会、考试、当地社区的志愿者工作以及撰写期末论文等。ECTS 学分按照教学周平均 40 学时的学习任务量标准进行换算,每个学年总时数不得少于 600 学时。

如学生在本科教育阶段,通过在职业研究学院学习 3 年,可以获得 180 个 ECTS 学分,可获学士(申请)学位。在早期累计完成的 300 个 ECTS 学分基础上,再进入专业学院进行持续 1 年的课程学习可获 60 个 ECTS 学分,即可获专家职称(专业研究的第二硕士学位)。

**表 4-3　学位授予及学分标准一览表**

| 阶段 | ECTS 学分 | 学位名称 |
|---|---|---|
| 本科阶段 | 学术教育 180 个 ECTS 学分(3 年) | 学士(申请)学位(学术型) |
| | 职业教育 180 个 ECTS 学分(3 年) | 学士(申请)学位(专业型) |
| | 学术教育 240 个 ECTS 学分(4 年) | 学士学位(学术型) |
| | 职业教育 180 个 ECTS 学分(3 年)+职业教育 60 个 ECTS 学分(1 年) | 学士学位(专业型) |
| 硕士阶段 | 学术教育 300 个 ECTS 学分(5 年) | 硕士学位(学术型) |
| | 学术教育 240 个 ECTS 学分(4 年)+学术教育 60 个 ECTS 学分(1 年) | 硕士学位(学术型) |
| | 学术教育 180 个 ECTS 学分(3 年)+学术教育 120 个 ECTS 学分(2 年) | 硕士学位(学术型) |
| | 职业教育 180 个 ECTS 学分(3 年)+职业教育 120 个 ECTS 学分(2 年) | 硕士学位(专业型) |
| 博士阶段 | 学术教育 300 个 ECTS 学分(5 年)+学术教育(3 年) | 博士学位 |
| | 学术教育 240 个 ECTS 学分(4 年)+学术教育 60 个 ECTS 学分(1 年)+学术教育(3 年) | 博士学位 |
| | 学术教育 180 个 ECTS 学分(3 年)+学术教育 120 个 ECTS 学分(2 年)+学术教育(3 年) | 博士学位 |

资料来源:The Goverment of The Republic Serbia. Lawon higher education[EB/OL].(2005-07-06)[2022-05-29]. https://prosveta.gov.rs/wp-content/uploads/2017/12/visoko-zakon.pdf.

ECTS 学分的认定及评估由独立的专门高等教育机构负责,可以在所有周期和类型的学习范围内在不同学习项目之间转移,不仅实现了国内学历教育在学分层次上的纵向贯通和学术教育、专业教育、职业教育在学分上的横向通融，也实现了国际间教育项目的流动和认定。

## 三、国家资格系统

国家资格框架系统有八个层次，允许以不同的方式和途径获得各级资格。学习者通过正规教育（教育）和非正式教育（主要是培训）两种形式获得资格等级。1～5 级适用于初等和中等教育。其中 NOKS 1 通过完成小学教育和教养、基础成人教育、基础音乐教育、基础芭蕾教育获得，NOKS 2 通过长达 1 年的专业培训、长达 2 年的工作教育、长达 120～360 小时培训的非正规成人教育获得，NOKS 3 通过完成 3 年中等职业教育或至少接受 960 小时培训的非正规成人教育获得，NOKS 4 通过完成4 年中学教育（专业、艺术，即高中）获得，NOKS 5 通过完成持续 2 年或 1 年的专业教育或者至少持续 6 个月的非正规成人教育而获得。6～8 级适用于高等教育，其中 NOKS 6.1 通过完成至少 180 个 ECTS 基础学术学分或 180 个 ECTS 基础职业学分获得，NOKS 6.2 通过完成至少 240 个 ECTS 基础学术学分或至少 240 个 ECTS 专业职业学分获得，NOKS 7.1 通过完成 300 到 360 个 ECTS 综合学术学分获得，NOKS 7.2 是通过完成至少 60 个 ECTS 专业学术学分获得，NOKS 8 是通过完成 180 个 ECTS 博士研究学分获得。国家资格框架的建立实现了塞尔维亚整个教育系统横向和纵向的流动，每个资格级别已经建立了对执行工作或进一步学习所必需的知识、技能和态度的描述。

**表 4-4　国家资格认证级别和描述一览表**

| 等级 | 知识 | 技能 | 能力和态度 |
|---|---|---|---|
| 1 | 拥有能够进一步学习的基本知识 | 执行简单而可预测任务所需的技能 | 根据简单的口头和书面指导，在监督下执行任务 |
| 2 | 具备有关工作或学习的一般知识和职业知识 | 执行常规操作任务所需的技能，按照详细的技术说明操作设备 | 按照既定的程序执行任务，并自我监督 |
| 3 | 具备有关工作或学习基本原理和过程的一般知识和职业知识 | 执行不那么复杂、偶尔非标准的操作任务所需的技能 | 按照程序独立执行任务，定期协商 |

续表

| 等级 | 知识 | 技能 | 能力和态度 |
| --- | --- | --- | --- |
| 4 | 拥有工作或学习所需的系统知识和理论知识 | 使用不同的方法和技术来执行复杂、多样化、非标准的任务 | 按照程序独立执行任务；组织小组工作；识别问题并参与解决问题 |
| 5 | 具备工作或学习所需的专业知识 | 执行复杂的、具体的任务，参与创建新的解决方案；操作专业的机械设备 | 独立决策，独立开展组织、评估、培训等工作；技能熟练，具有创业精神，对问题有预判性 |
| 6.1 | 拥有高级学术或专业知识，对学习或工作领域具有批判性理解思维 | 解决学习或非标准条件下工作领域的复杂问题；有较强沟通技能；熟练掌握学习或工作领域相关的仪器和设备 | 在非标准条件下解决问题；独立管理复杂项目；具备职业道德标准；组织、控制和培训员工；分析和评估理论和实践的不同概念、模式和原则；重视终身学习 |
| 6.2 | 拥有高级学术或专业知识，在知识或者工作专门领域具备评估和批判性思维 | 解决非标准条件下工作领域的复杂问题；具有较强沟通技能；能够熟练操作专业设备和仪器 | 独立管理复杂项目；具备职业的道德标准；在实践中分析和评估不同的理论概念、模式和原则，并进行实践；重视终身学习 |
| 7.1 | 拥有高度专业化的学术或专业知识，在学术研究或者工作领域具备评估、批判性思维，具有科学和应用研究的基础 | 以创新的方式解决复杂的问题，管理和沟通不同群体员工；能应用复杂方法、仪器和设备，作为科学和应用研究的基础 | 具备创业精神，承担管理任务；全权负责运行最复杂的项目；计划和实施科学研究或应用研究；控制进程和评估他人工作效果，推动实践发展 |
| 7.2 | 拥有与理论、原则和过程相关的专业学术知识，具备评估、批判性思维，具有科学和应用研究的基础 | 以创新的方式解决复杂的问题；管理和沟通不同群体员工；能应用复杂方法、工具和设备，作为科学和应用研究的基础 | 具备创业精神，承担管理任务；全权负责运行最复杂的项目；控制工作进程并评估他人工作效果，以推进现有的实践 |

续表

| 等级 | 知识 | 技能 | 能力和态度 |
|---|---|---|---|
| 8 | 在科学基础和应用研究领域拥有批判性分析和原创性理论和实践知识,能够扩展和重新定义现有的知识或工作领域 | 应用先进专业技能和技术,解决关键研究问题,重新定义现有知识或工作,提出国际标准和科研究成果;开发新工具和设备 | 独立评估学习或工作成果,创新模式、概念、思想和理论;展示创新精神、科学态度和专业诚信;开展具有重大原创贡献的研究;管理跨学科和多学科项目;启动国际科学与发展合作 |

资料来源:European Training Foundation. National qualifications framework-serbia[EB/OL].(2021-04-13)[2022-05-29]. https://www.etf.europa.eu/en/document-attachments/national-qualifications-framework-serbia.

## 第四节 塞尔维亚职业教育特征及未来趋势

COVID-19 大流行严重打击了塞尔维亚经济,2021 年第二季度塞尔维亚 GDP 增长 2%,第二季度增长 1.3%,减少 7 个百分点,超过三分之二的中小企业业务运营中断,20%的中小企业几乎停止运营。2020 年全年登记的职位空缺数量略高于 60000 个,失业结构分析表明,教育是影响就业概率的重要因素,约 30%的注册失业者具有第一和第四级资格,另有 20%的人教育程度相当于第三级资格。2021 年 9 月登记的失业人员年龄结构显示,约 20%的失业者是年轻人(15~29 岁),36%是年长的求职者(50~65 岁),失业时间超过一年的长期失业者约 63%。① 面对 COVID-19 对经济和就业的冲击,塞尔维亚政府积极制订教育发展战略行动计划,未来将从职业教育规模布局、数字技术、质量保障、教育资助、教育公平方面做出努力。

① National Bank of Serbia. Nes statistical bulletin september 2021[EB/OL].(2021-12-21)[2022-05-22]. https://nbs.rs/export/sites/NBS_site/documents-eng/publikacije/sb/sb_09_21.pdf.

## 一、增加规模调整布局，完善职业教育体系

塞尔维亚中等职业教育辍学率一直居高不下，三年制和四年制职业教育之间严重不平衡，职业学校实训条件较差。为此，一是有必要修订宪法。当前中等教育非强制性入学对中等职业教育入学率产生了不良后果，也对学生完成学业产生了不利影响，要解决这个问题，需要对宪法的有关条款进行修订。二是完善职业院校结构和布局。主要是提高三年制职业教育比例，设计更高技能水平的中学后职业教育和大学短期课程。三是建立与所在区域和当地社区经济人口发展趋势相适应的新的中等职业学校，配置优质实训设施和设备，并将某些优质职业学校作为特定领域的技术中心。

## 二、建立远程学习平台，解决数字技术鸿沟

COVID-19 大流行期间，塞尔维亚政府提出利用远程教学解决线下学习困难的要求，许多人采用了在线学习计划，转向电视教学，甚至广播教学，但这场危机暴露了塞尔维亚国家内部的数字鸿沟，由于学习者无法获得数字课程以及其父母或照顾者无法提供支持他们远程学习的条件，塞尔维亚教育不公平的现象因此被放大。其实，早在危机之前，教师们就已经缺乏数字教学技能、相关工具及教学法，新冠危机加大了对教师、学者和其他教育人员进行有关使用 ICT 技术，促进教育包容性培训的需求。2020 年塞尔维亚共和国政府通过了《2020—2024 年期间塞尔维亚共和国数字技能发展战略》，该战略的总体目标是提高所有公民的数字知识和技能，包括弱势社会群体的成员，以便能够监测所有领域的 ICT 技术的发展，并满足经济和劳动力市场的需求。未来，塞尔维亚将在提高教育系统的数字能力，实施公民数字技能培训计划的认证，发展与劳动力市场需求相关的数字技能，满足劳动力市场对各级数字技能的需求、ICT 专业人员的终身学习要求等方面做出努力。

## 三、完善质量保障和评估，提升职业教育吸引力

塞尔维亚历史上有重视精英教育的传统，虽然政府将职业教育视为

发展产业经济，缓解就业压力的重要途径，但职业教育对民众的吸引力一直不高。不管是出于经济发展的需要，还是出于缓解高辍学率的需要，塞尔维亚职业教育与培训都迫切需要通过完善质量保障和评估体系来提升吸引力。塞尔维亚的职业教育质量受制于整个中小学教育的质量保证体系，还受到额外的职业教育质量标准和自我评估系统的约束。当前，塞尔维亚没有加入欧洲职业教育和培训质量保证系统，对职业教育毕业生缺乏系统的追踪研究，缺乏对毕业生就业能力的监测。虽然在2015—2016年，塞尔维亚制定了与欧洲职业教育和培训质量保证系统兼容的国家质量保证方法，但并没有解决职业教育质量保障问题。因此，加快建立和完善塞尔维亚国家认证和质量体系，加紧开发统一的教育信息系统，确保质量保证框架在各个层面的设计与落实将是塞尔维亚未来发展的重要内容。

## 四、加大职业教育资助，强化职业教育保障

塞尔维亚在教育上花费的公共资源份额不大，教育公共支出多年来一直在减少，2019年约占GDP的3.3%，低于欧盟4.7%的平均水平，它也低于联合国提出的4.6%的基准。① 职业教育与培训主要通过成本分摊计划获得资金，包括国家/部门培训基金、对公司和工人的培训税收优惠以及贷款。国家根据学校类型、学生人数、工资等按一定的标准分配资金，由于缺乏客观导向和过度强调投入和基于活动的预算和监测，导致职业学校预算拨款落后于其他部门。未来塞尔维亚将加大资金对职业教育的投入，开展国际交流项目合作，广开援助资金路径，为职业教育发展提供经费保障。

## 五、继续实施全纳教育，推进社会教育公平

为进一步提高就业人群比例并促进社会融合，塞尔维亚国家就业服务部门推出了有关就业扶助的一揽子计划，针对部分在劳动力市场上处

---

① European Training Foundation. Education, training and employment developments 2021[EB/OL].(2022-01-18)[2022-05-20]. https://www.etf.europa.eu/sites/default/files/document/CFI_Serbia_2021.pdf.

于不利地位的就业困难人员提供特别的服务和帮助，目的在于激发此部分人员的活力。帮扶对象包括：青年群体、被解雇员工、残障人士、无职业资格者、低技能和长期失业人员。这对于那些受教育水平不足或较低效能的人员来说，起到了较好的效果。未来，全纳教育仍是塞尔维亚提高就业率，维护社会公平，促进社会和谐发展的举措之一。

总体而言，塞尔维亚近十年步入政治稳定和社会稳定阶段，职业教育的发展可圈可点。塞尔维亚政府建立和完善国家资格框架，将职业教育类课程融入教育体系，通过学分认定和国家资格框架等欧盟一体化工具，实现了职业教育、专业教育、学术教育的共融，形成了完备的现代职业教育体系。这给我国目前的职业教育发展带来重要启示：建立纵向贯通，横向通融的职业教育体系，不仅是增加职业本科，实现学历层次的贯通，更要在国家教育资格、职业资格、学分认定标准等方面进行顶层设计。未来中塞两国"一带一路"教育行动战略合作，如何实现职业教育体系对接，破解学分认定和国家资格认定等标准瓶颈，将是实践研究的方向。

# 第五章 匈牙利职业教育

匈牙利地处欧洲中部，东邻乌克兰、罗马尼亚，南接塞尔维亚、克罗地亚、斯洛文尼亚，西靠奥地利，北连斯洛伐克，国土面积 9.3 万平方公里，边境线长 2246 公里，多瑙河及其支流蒂萨河纵贯全境。匈牙利国民素质较高，约 1/3 就业人口受过高等教育。匈牙利实行义务教育制，含小学 8 年和中学(包括职业中学)4 年，免收学杂费，大学 4～6 年，医科大学 7 年，国家提供第一个学位期间的学习费用。除公办学校外，匈牙利还有教会学校、私立学校和基金会学校。小学毕业后，学生可选择就读文法中学、职业中学、职业学校或特殊教育中专。

## 第一节 匈牙利职业教育发展历史

匈牙利职业教育发展历史大致可分为产生与发展阶段、逐渐成熟阶段，在各个发展阶段上，匈牙利职业教育都在不断向前推进，都取得了一定的成果，为职业教育的继续发展奠定基础。

### 一、职业教育的产生与发展

19 世纪中期，匈牙利职业教育开始萌芽。1844 年，匈牙利政府建立了几所职业教育学校以培养专门技术人才。同年颁布的《学徒学校法案》规定，地方政府负责建设学徒学校并负责维持其运作，学校由地方教育、商贸和工业部门共同监管。自此，匈牙利开始建立真正意义上有组织的职业培训学校。

20 世纪，匈牙利职业教育与培训体系发生了重大变化。1949 年《职

业培训法》规定大部分实践培训由工业界负责，与公共教育体系联系在一起，同时还规定了培训熟练工人的责任分工。1950 年之后，技术中等教育作为中学系统的重要组成部分建立了起来。1961 年《公共教育法》划清了职业教育与普通教育的界限，标志着职业教育独立成型。20 世纪 90 年代是匈牙利职业教育的重要转折点，国会通过修订《职业培训法》，定义了职业资格认定、职业流程及考试制度，建立了国家职业资格证书制度，规定了职业资格的种类，提出培训学员与企业签订实习合同、雇主代表行业实体介入职业培训课程开发和职业考试等内容。这是匈牙利首部针对职业教育的专门法案，重新界定了职业培训，赋予雇主组织控制培训内容和质量的责任。1995 年又设立了国家职业培训委员会，成员由教育部长任命，该委员会参与决策并有权就职业教育与培训发表专业意见。这意味着匈牙利职业教育开始由国家进行宏观且专业化的调控与指导。1996 年《职业教育与培训法》的修改使原各独立公共基金(失业团结基金、就业基金、职业培训基金、康复基金和工资保障基金)合并，并设立了统一的劳动力市场基金，基金内有专供职业教育使用的部分，这为匈牙利职业教育的正规化与专业化提供了资金保障。1997 年，匈牙利加入了欧盟旨在推动职业教育一体化进程的“达·芬奇计划”。在此基础之上，匈牙利调整职业教育的结构体系，基本形成了中等职业教育和高等职业教育相贯通的结构体系。

## 二、职业教育的逐渐成熟

进入 21 世纪，匈牙利职业教育有了新的发展。匈牙利自加入欧盟后，不断加强与欧盟各国及欧洲职业培训发展中心等机构的合作，积极参与 2002 年《哥本哈根宣言》和 2004 年《马斯特里赫特公报》的制定和实施，推进欧洲职业教育与培训一体化，提高本国职业教育与培训的水平，增强本国职业教育与培训的吸引力，推动职业教育改革。在欧洲社会基金资助下，匈牙利于 2006 年建立了对接“欧洲职业教育与培训质量保障框架”(EQAVET)标准的职业教育与培训质量保障框架。在匈牙利，《职业教育与培训法》规定，职业学校应提供职业培训，并基于劳动力市场需求改进教学内容，使职业培训课程更加现代化；利用现代信息技术发展职业培训，方便学生开展学习。随后，匈牙利广泛调研全国就业结构和岗位需求，革新“国家职业资格”认证体系框架，建立了强化职业教育能力要求的模块化职业资格体系，使职业培训具有更强的目标性和灵活性。匈牙利高层次职业教育院校引入新职业资格体系，工商会和农商会负责新资格体系的开发。2006年《成人教育法》修正案规定，设立国家职业教育与成人培训理事会，作为职业教育和成人培训发展与管理的最高咨询和决策机构，促使职业教育更好地对接劳动力市场。从2012年开始，匈牙利在职业院校试点引入双元制，通过在合作企业和学生之间订立合同的方式，增加学生的实践培训时间，至此匈牙利从法规到制度建立起了与劳动力市场相联系的职业教育体系。

## 第二节　匈牙利职业教育现状

匈牙利职业教育经过长时间的发展，已基本形成完备的职业教育与培训体系，政府重视对于职业教育与培训的管理，同时有多种机构参与到职业教育与培训的过程中，匈牙利职业教育得到长足发展。

### 一、匈牙利职业教育与培训体系

匈牙利职业教育培训包括中学水平、中学后水平、高等教育水平和成人继续培训等不同层次。中学水平的职业教育培训包括普通教育课程、实践导向的职业教育培训课程、职业教育培训和普通教育相结合的课程。其中，匈牙利为学生提供的普通教育课程包括初级中学课程、高级中学课程、综合中学课程、衔接课程以及后续课程。此外，匈牙利还为有特殊教育需求的学习者提供初级中学课程和职业教育培训。中学后水平主要是基于学校实践导向的课程。高等教育水平的职业教育培训主要包括普通课程和高等职业教育培训课程，其中，普通教育课程包括学士课程、硕士课程、学士硕士综合课程、研究生专业课程以及博士课程。成人继续培训是学校体系之外的培训，主要包括培训市场提供的职业课程和普通课程、为失业者和弱势群体提供的培训课程、雇主为进一步培训雇员提供的强制性继续教育培训课程。政府监管正规学校体系内和正规学校体系外的

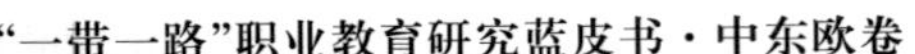


职业教育与培训。正规学校体系内的职业教育与培训学校受《公共教育法》和《职业培训法》的监管，提供 EQF 2 至 5 级课程，对学龄学生和 25 岁以下的年轻人进行正规的全日制教育，或为义务教育年龄以上和成人教育中年龄较大的人提供灵活的学习形式。在《职业教育与培训法》出台后，高等教育提供的 EQF 5 级高等教育职业课程不再属于职业教育与培训，受《高等教育法》监管。在《成人培训法》和《职业教育与培训法》规定的正规学校体系之外的成人培训，参与者与培训提供者有合同关系。

正规学校体系内提供的教育是免费的，直至学习者获得高中毕业证书(12 年级)或两个国家职业资格证书。成人培训课程是收费的，但对弱势群体(失业者、罗姆人等)的培训可以由政府资助。基于工作的实践培训、属于国家职业资格的所有职业教育与培训课程，可由学校讲习班或公司提供；学徒培训仅由学校体系内的职业教育与培训提供。职业教育与培训课程的出勤类型取决于学员所接受的教育类型(全日制、非全日制、夜校、远程学习)。

在普通教育和职业教育中，义务教育学习者必须接受正规的全日制教育。成人教育包括各级学校系统提供的普通或职业课程，包括以下选择：全日制(相当于正规全日制教育课程时间的 90%)、非全日制(夜校，50%)、函授课程(10%)、其他形式(例如远程学习)。成人教育的对象是在义务教育阶段未取得一定学历的正规学校证书或职业教育与培训资格的学习者，或希望取得新资格的学习者。成人教育课程在目标、录取标准、结构、课程的主要特点或获得国家承认资格方面与正规全日制课程没有区别。年龄在 16～25 岁的学生可以参加正规全日制学校教育，也可以参加成人教育。大多数接受成人教育的人以夜校的方式参与学习，只有少数人参加远程学习或其他特殊形式的学习。在国家资助的成人培训中，为就业能力不强的老年人提供了专门设计的课程。成人培训包括普通、语言或职业课程，由校外机构提供，涵盖许多不同类型和形式的学习机会。《成人培训法》规定的范围包括获得国家职业资格的培训、由国家预算或培训税资助的培训。在《成人培训法》范围之外，国家监管的其他培训课程包括针对国家资格登记册(NVQR)中未列明的、从事某些工作或履行某些职责①所需的执照、文凭、证书等而进行的培训，内容和目标

① 主要用于道路、水路和航空运输、动植物卫生检验或食品卫生等领域。

由相关法律界定的培训，由主管部长规定的特定职业（警察、公务员、教师、法官等）进一步的强制性培训课程。

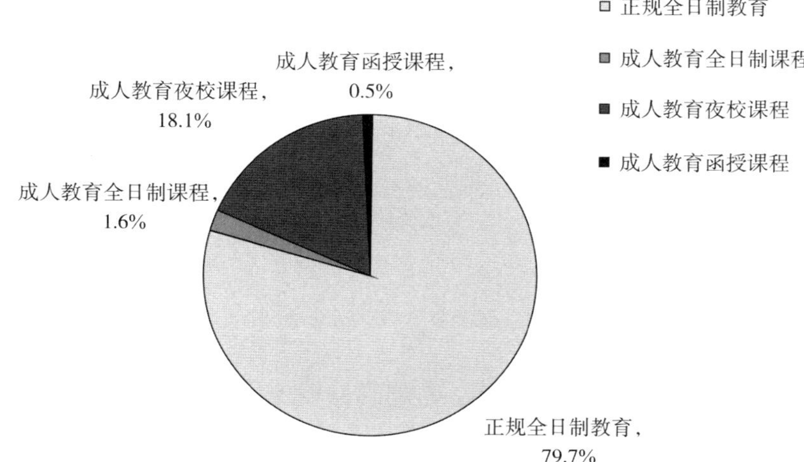


**图 5-1 2017 年根据学习形式划分的职业教育与培训学习者的比例(%)**

资料来源：European Centre for the Development of Vocational Training (Cedefop). Vocational education and training in Europe[EB/OL].(2019-04-01)[2022-10-27]. https://www.cedefop.europa.eu/en/tools/vet-in-europe/systems/hungary#_Ref13059551.

## 二、职业教育与培训的管理

### （一）职业教育与培训体系的管理

自 2018 年以来，职业教育与培训和成人学习的中央治理和管理由创新与技术部负责，其他部委负责各自部门的资格认证。

具体来看，由受创新与技术部监督的国家职业教育与培训和成人学习办公室确保国家职业教育与培训和成人学习政策的协调与执行，主要任务包括发挥咨询作用，为决策起草立法草案；职业教育与培训的资格和课程发展；补贴管理；职业教育与培训中心的运作；职业指导。NVQR、职业需求模块、考试条例和职业教育与培训课程的资金受政府监管，政府批准职业教育与培训战略。人力资源部负责监管公共教育（包括中等教育到高等教育的职业教育部分）和高等教育，提供正规学校体系内的职业教

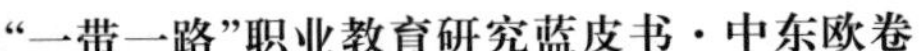


育与培训。创新与技术部和人力资源部分别负责职业教育和普通教育的课程框架。教育局是人力资源部的一个机构，负责完成以下工作：国家公共教育评估；高中教育的统一录取（普通教育和职业教育与培训）；中学毕业考试；教学咨询服务；教师职业体系内的资格认证和教师或学校检查。政府办公室负责登记职业考试，登记和检查成人培训提供者及其提供的课程。州政府办公厅就业部门作为财政部领导的全国就业服务机构的一部分，为弱势群体提供培训支持。

### （二）职业教育与培训机构

#### 1. 公共教育部门

2013 年，匈牙利学校管理已实现集中化，大多数职业教育学校已纳入由 44 个职业中心组成的网络。职业中心协调成员学校的教育和培训活动，管理其财务，帮助它们提供更符合劳动力市场需求的培训，促进与企业和创新伙伴的关系。比如：国家维持的 46 所农业（以及林业、渔业、食品工业等）职业教育与培训学校由农业部经营，属于农业职业教育与培训学校网络。内政部和国防部以及一些大学开办职业教育与培训学校，学习特定部门所需知识。根据《公共教育法》，教会和商业实体、基金会、协会等也可以运营学校，这些学校可以根据与负责职业教育与培训的部门达成的协议从中央政府预算中获得资金。

#### 2. 高等教育部门

EQF 5 级的职业课程由高等教育机构提供。高等职业教育与培训课程包括最后阶段在公司开展的为期一学期（至少 14 周）的强制性实习。按照相关法规，当实习时间多于 6 周时，实习必须在高等教育机构和公司之间合作协议的基础上组织开展，公司必须与学生签订学生工作合同。

#### 3. 继续职业教育与培训/成人培训机构

成人培训的学习者必须与培训机构签订培训合同。成人培训提供者包括以下这些：部分从事成人培训的公立高等教育机构；其他接受预算或国家经费资助的机构，特别是区域培训中心；组织工匠考试和提供预备培训的工商会；私营培训公司；非政府组织（非营利组织、专业协会等）；为自己的员工提供公司内部培训的雇主。

#### 4. 工商会

匈牙利工商会在职业教育与培训政策咨询、工作资格开发、认证和监督培训提供者、提供学徒合同(包括商会担保措施和职业指导服务)方面发挥重要作用。社会组织可以通过参与咨询机构来制定职业教育与培训政策,主要包括以下这些:与国家职业教育与培训和成人学习委员会合作,对战略政策问题和发展资金的分配提供咨询意见;协调2018年成立的18个行业技能委员会的运作,以监测劳动力市场趋势和对新技能与资格的需求;在国家一级层面,19个国家发展和培训委员会根据当地需要设计短期和中期职业教育与培训战略,编制资格名单,并确定从国家预算中获得资助的职业教育与培训招生名额。

**5. 企业**

实践培训是职业教育与培训课程的一部分,可在学校或企业根据学习者和企业的学徒合同或学校和企业的合作协议来进行。企业举办的职业教育与培训是通过学徒培训合同提供的,这是初级职业教育与培训课程的组成部分(主要是ISCED 353),由企业提供。学徒制由工商会协调,工商会负责培训提供者的认证和名单登记,帮助学习者在培训机构找到实训机会,并登记学徒合同。自2017年起,企业可成立联合培训中心,以提升中小企业和微型企业提供培训的能力。

## 三、从数据看职业教育与培训的发展

通过数据可以直观地看出匈牙利近年来职业教育的发展情况,我们主要从2017年至2020年匈牙利职业教育学校数量、教师数量和学生数量等方面展示匈牙利职业教育情况。匈牙利开展职业教育与培训的机构包括职业学校和特殊技能发展学校、中等职业学校、职业文法学校三类学校。截至2019年,开展职业教育与培训的机构共有1385所,教师24367名,全日制学生221865人。就匈牙利全国来看,职业文法学校数量、教师数量、学生数量都远多于另外两类学校;就各州来看,职业文法学校数量、教师数量、学生数量也普遍都多于另外两类学校。

### (一)学校教育情况

表5-1、表5-2和表5-3分别是2017年至2020年三类学校的相关数据。观察数据,我们可以发现近年来匈牙利职业学校和特殊技能发展学校数量基本稳定,学生数量有所减少,班级数和教室数略有增加,

每班学生数略有减少,生师比有所下降;中等职业学校和职业文法学校数量逐年减少,学生数量有所减少,班级数和教室数略有减少,每班学生数略有减少。

表 5-1　职业学校和特殊技能发展学校教育

| 学年 | 学校数 | 学生 | | 全日制教育中的学生 | | | 全日制教育班级数 | 教师数 | 教室数 | 每班学生数 | 生师比 |
|---|---|---|---|---|---|---|---|---|---|---|---|
| | | 总计 | 全日制教育 | 9 年级 | 非职业等级 | 职业等级 | | | | | |
| 2017—2018 | 200 | 7187 | 7169 | 3497 | 2831 | 4338 | 845 | 1492 | 685 | 8.5 | 4.8 |
| 2018—2019 | 205 | 7188 | 7159 | 3576 | 3056 | 4103 | 848 | 1564 | 719 | 8.4 | 4.6 |
| 2019—2020 | 201 | 7029 | 7004 | 3423 | 2981 | 4023 | 850 | 1558 | 716 | 8.2 | 4.5 |

资料来源:Hungarian Central Statistical Office.Education data 2019—2020[EB/OL].(2020-06-29)[2021-10-17].http://www.ksh.hu/apps/shop.kiadvany? p_kiadvany_id=1054321#utm_source=kshhu&utm_medium=banner&utm_campaign=theme-education.

表 5-2　中等职业学校教育

| 学年 | 学校数 | 学生 | | 全日制教育中的学生 | | | | 全日制教育班级数 | 教师数 | 教室数 | 每班学生数 | 生师比 |
|---|---|---|---|---|---|---|---|---|---|---|---|---|
| | | 总计 | 全日制教育 | 特殊教育 | 9 年级 | 非职业等级 | 职业等级 | | | | | |
| 2017—2018 | 552 | 101688 | 74104 | 57 | 28046 | 5726 | 68378 | 4012 | 6124 | 3546 | 18.5 | 12.1 |
| 2018—2019 | 514 | 93879 | 68863 | 17 | 26358 | 5197 | 63666 | 3885 | 6111 | 3377 | 17.7 | 11.3 |
| 2019—2020 | 499 | 91224 | 65771 | 13 | 25019 | 6326 | 59445 | 3747 | 5946 | 3392 | 17.6 | 11.1 |

资料来源:Hungarian Central Statistical Office.Education data 2019—2020[EB/OL].(2020-06-29)[2021-10-17].http://www.ksh.hu/apps/shop.kiadvany? p_kiadvany_id=1054321#utm_source=kshhu&utm_medium=banner&utm_campaign=theme-education.

表 5-3　职业文法学校教育

| 学年 | 学校数 | 学生 | | 全日制教育中的学生 | | | | 全日制教育班级数 | 教师数 | 教室数 | 每班学生数 | 生师比 |
|---|---|---|---|---|---|---|---|---|---|---|---|---|
| | | 总计 | 全日制教育 | 9 年级 | 非职业等级 | 职业等级 | 女性 | | | | | |
| 2017—2018 | 772 | 196564 | 162216 | 36582 | 121549 | 40667 | 76537 | 6962 | 18394 | 7043 | 23.3 | 8.8 |
| 2018—2019 | 714 | 184559 | 152793 | 37520 | 119728 | 33065 | 72066 | 6605 | 17535 | 6882 | 23.1 | 8.7 |
| 2019—2020 | 685 | 181098 | 149090 | 38261 | 118727 | 30363 | 69994 | 6482 | 16863 | 6679 | 23.0 | 8.8 |

资料来源：Hungarian Central Statistical Office.Education data 2019—2020[EB/OL].(2020-06-29)[2021-10-17].http://www.ksh.hu/apps/shop.kiadvany? p_kiadvany_id=1054321#utm_source=kshhu&utm_medium=banner&utm_campaign=theme-education.

## （二）学校数量

表 5-4 是 2017 年至 2019 年按匈牙利行政区划分布的三类学校的数量。观察数据，我们可以发现：匈牙利职业学校和特殊技能发展学校数量三年间保持较稳定水平，中等职业学校和职业文法学校数量在三年内逐年减少；就匈牙利全国来看，职业文法学校数量远多于另外两类学校，就各州来看，职业文法学校数量也普遍多于另外两类学校。

表 5-4　职业学校和特殊技能发展学校、中等职业学校、职业文法学校数

| 地区 | 职业学校和特殊技能发展学校 | | | 中等职业学校 | | | 职业文法学校 | | |
|---|---|---|---|---|---|---|---|---|---|
| | 2017 | 2018 | 2019 | 2017 | 2018 | 2019 | 2017 | 2018 | 2019 |
| 布达佩斯 | 26 | 27 | 28 | 76 | 62 | 59 | 159 | 138 | 131 |
| 佩斯州 | 13 | 11 | 10 | 33 | 32 | 34 | 57 | 52 | 50 |
| 首都地区合计 | 39 | 38 | 38 | 109 | 94 | 93 | 216 | 190 | 181 |
| 费耶尔州 | 11 | 13 | 13 | 25 | 26 | 25 | 35 | 32 | 32 |
| 科马罗姆州 | 9 | 9 | 9 | 16 | 18 | 17 | 22 | 20 | 20 |

续表

| 地区 | 职业学校和特殊技能发展学校 | | | 中等职业学校 | | | 职业文法学校 | | |
|---|---|---|---|---|---|---|---|---|---|
| | 2017 | 2018 | 2019 | 2017 | 2018 | 2019 | 2017 | 2018 | 2019 |
| 维斯普雷姆州 | 9 | 10 | 10 | 21 | 22 | 19 | 24 | 24 | 21 |
| 中部地区合计 | 29 | 32 | 32 | 62 | 66 | 61 | 81 | 76 | 73 |
| 杰尔-莫松-肖普朗州 | 9 | 9 | 9 | 28 | 26 | 23 | 41 | 36 | 35 |
| 沃什州 | 5 | 4 | 4 | 19 | 17 | 18 | 22 | 22 | 20 |
| 佐洛州 | 8 | 8 | 8 | 15 | 15 | 15 | 15 | 15 | 15 |
| 西部地区合计 | 22 | 21 | 21 | 62 | 58 | 56 | 78 | 73 | 70 |
| 巴兰尼亚州 | 14 | 14 | 14 | 19 | 18 | 18 | 24 | 21 | 21 |
| 绍莫吉州 | 7 | 7 | 8 | 19 | 19 | 19 | 20 | 20 | 19 |
| 托尔瑙州 | 5 | 7 | 8 | 20 | 20 | 19 | 16 | 16 | 14 |
| 南部地区合计 | 26 | 28 | 30 | 58 | 57 | 56 | 60 | 57 | 54 |
| 包尔绍德-奥包乌伊-曾普伦州 | 17 | 18 | 15 | 55 | 51 | 47 | 58 | 54 | 49 |
| 赫维什州 | 8 | 8 | 8 | 19 | 16 | 15 | 24 | 24 | 22 |
| 诺格拉德州 | 6 | 6 | 5 | 15 | 15 | 14 | 13 | 14 | 13 |
| 北部地区合计 | 31 | 32 | 28 | 89 | 82 | 76 | 95 | 92 | 84 |
| 豪伊杜-比豪尔州 | 5 | 5 | 4 | 29 | 26 | 24 | 48 | 45 | 42 |
| 加兹-纳杰孔-索尔诺克州 | 10 | 9 | 8 | 26 | 25 | 27 | 33 | 32 | 31 |
| 索博尔奇-索特马尔-贝拉格州 | 5 | 5 | 6 | 44 | 36 | 34 | 56 | 47 | 49 |
| 北部大平原地区合计 | 20 | 19 | 18 | 99 | 87 | 85 | 137 | 124 | 122 |
| 巴奇-基什孔州 | 15 | 16 | 15 | 29 | 27 | 27 | 33 | 32 | 32 |
| 贝凯什州 | 9 | 10 | 10 | 21 | 18 | 20 | 31 | 29 | 28 |
| 琼格拉德州 | 9 | 9 | 9 | 23 | 25 | 25 | 41 | 41 | 41 |
| 南部大平原地区合计 | 33 | 35 | 34 | 73 | 70 | 72 | 105 | 102 | 101 |
| 全国总计 | 200 | 205 | 201 | 552 | 514 | 499 | 772 | 714 | 685 |

资料来源：Hungarian Central Statistical Office.Education data 2019—2020[EB/OL].(2020-06-29)[2021-10-17].http://www.ksh.hu/apps/shop.kiadvany? p_kiadvany_id=1054321#utm_source=kshhu&utm_medium=banner&utm_campaign=theme-education.

## (三)教师数量

表5-5是2017年至2019年三类学校的教师数量。观察数据,我们可以发现:匈牙利职业学校和特殊技能发展学校教师数量在三年间略有增加,中等职业学校和职业文法学校教师数量在三年间都逐年减少;就匈牙利全国来看,职业文法学校教师数量远多于另外两类学校,就各州来看,职业文法学校教师数量也普遍多于另外两类学校。

**表5-5 职业学校和特殊技能发展学校、中等职业学校、职业文法学校教师数**

| 地区 | 职业学校和特殊技能发展学校 | | | 中等职业学校 | | | 职业文法学校 | | |
|---|---|---|---|---|---|---|---|---|---|
| | 2017 | 2018 | 2019 | 2017 | 2018 | 2019 | 2017 | 2018 | 2019 |
| 布达佩斯 | 321 | 375 | 372 | 548 | 543 | 525 | 4177 | 3999 | 3803 |
| 佩斯州 | 63 | 63 | 67 | 321 | 322 | 349 | 1056 | 1007 | 936 |
| 首都地区合计 | 384 | 438 | 439 | 869 | 865 | 874 | 5233 | 5006 | 4739 |
| 费耶尔州 | 89 | 89 | 94 | 294 | 221 | 213 | 826 | 818 | 791 |
| 科马罗姆州 | 72 | 77 | 76 | 198 | 190 | 172 | 416 | 424 | 425 |
| 维斯普雷姆州 | 44 | 54 | 57 | 258 | 252 | 233 | 549 | 540 | 544 |
| 中部地区合计 | 205 | 220 | 227 | 750 | 663 | 618 | 1791 | 1782 | 1760 |
| 杰尔-莫松-肖普朗州 | 80 | 84 | 80 | 296 | 309 | 325 | 1072 | 1065 | 1038 |
| 沃什州 | 48 | 44 | 42 | 138 | 156 | 164 | 569 | 535 | 517 |
| 佐洛州 | 43 | 43 | 41 | 174 | 184 | 165 | 503 | 471 | 457 |
| 西部地区合计 | 171 | 171 | 163 | 608 | 649 | 654 | 2144 | 2071 | 2012 |
| 巴兰尼亚州 | 76 | 74 | 66 | 221 | 207 | 206 | 540 | 520 | 495 |
| 绍莫吉州 | 33 | 33 | 37 | 341 | 335 | 334 | 476 | 475 | 442 |
| 托尔瑙州 | 27 | 28 | 29 | 244 | 228 | 210 | 357 | 350 | 317 |
| 南部地区合计 | 136 | 135 | 132 | 806 | 770 | 750 | 1373 | 1345 | 1254 |
| 包尔绍德-奥包乌伊-曾普伦州 | 77 | 75 | 75 | 529 | 496 | 496 | 1280 | 1226 | 1193 |
| 赫维什州 | 33 | 33 | 33 | 255 | 253 | 242 | 526 | 483 | 473 |
| 诺格拉德州 | 30 | 32 | 23 | 154 | 157 | 144 | 257 | 233 | 231 |
| 北部地区合计 | 140 | 140 | 131 | 938 | 906 | 882 | 2063 | 1942 | 1897 |

续表

| 地区 | 职业学校和特殊技能发展学校 | | | 中等职业学校 | | | 职业文法学校 | | |
|---|---|---|---|---|---|---|---|---|---|
| | 2017 | 2018 | 2019 | 2017 | 2018 | 2019 | 2017 | 2018 | 2019 |
| 豪伊杜-比豪尔州 | 47 | 41 | 43 | 343 | 353 | 332 | 1107 | 1045 | 997 |
| 加兹-纳杰孔-索尔诺克州 | 53 | 54 | 63 | 361 | 371 | 359 | 709 | 643 | 618 |
| 索博尔奇-索特马尔-贝拉格州 | 68 | 74 | 77 | 462 | 477 | 478 | 1101 | 979 | 914 |
| 北部大平原地区合计 | 168 | 169 | 183 | 1166 | 1201 | 1169 | 2917 | 2667 | 2529 |
| 巴奇-基什孔州 | 172 | 170 | 157 | 394 | 401 | 380 | 969 | 907 | 889 |
| 贝凯什州 | 68 | 70 | 64 | 282 | 329 | 314 | 783 | 719 | 714 |
| 琼格拉德州 | 48 | 51 | 62 | 311 | 327 | 305 | 1121 | 1096 | 1069 |
| 南部大平原地区合计 | 288 | 291 | 283 | 987 | 1057 | 999 | 2873 | 2722 | 2672 |
| 全国总计 | 1492 | 1564 | 1558 | 6124 | 6111 | 5946 | 18394 | 17535 | 16863 |

资料来源：Hungarian Central Statistical Office.Education data 2019—2020[EB/OL].(2020-06-29)[2021-10-17].http://www.ksh.hu/apps/shop.kiadvany? p_kiadvany_id=1054321#utm_source=kshhu&utm_medium=banner&utm_campaign=theme-education.

## （四）学生数量

表 5-6 是 2017 年至 2019 年三类学校的学生数量。观察数据，我们可以发现：匈牙利职业学校和特殊技能发展学校、中等职业学校和职业文法学校的学生数量在三年间都逐年减少；就匈牙利全国来看，职业文法学校学生数量远多于另外两类学校，就各州来看，职业文法学校学生数量也普遍多于另外两类学校。

**表 5-6 职业学校和特殊技能发展学校、中等职业学校、职业文法学校学生数**

| 地区 | 职业学校和特殊技能发展学校 | | | 中等职业学校 | | | 职业文法学校 | | |
|---|---|---|---|---|---|---|---|---|---|
| | 2017 | 2018 | 2019 | 2017 | 2018 | 2019 | 2017 | 2018 | 2019 |
| 布达佩斯 | 1550 | 1597 | 1581 | 8403 | 6976 | 6691 | 35033 | 33759 | 33332 |

续表

| 地区 | 职业学校和特殊技能发展学校 | | | 中等职业学校 | | | 职业文法学校 | | |
|---|---|---|---|---|---|---|---|---|---|
| | 2017 | 2018 | 2019 | 2017 | 2018 | 2019 | 2017 | 2018 | 2019 |
| 佩斯州 | 332 | 338 | 331 | 4668 | 4786 | 4620 | 9457 | 8436 | 8201 |
| 首都地区合计 | 1882 | 1935 | 1912 | 13071 | 11762 | 11311 | 44490 | 42195 | 41533 |
| 费耶尔州 | 387 | 378 | 405 | 3393 | 2939 | 2753 | 7294 | 7003 | 6996 |
| 科马罗姆州 | 274 | 243 | 268 | 2306 | 2253 | 2185 | 4138 | 4077 | 4065 |
| 维斯普雷姆州 | 229 | 243 | 239 | 3357 | 3140 | 3197 | 4920 | 4565 | 4407 |
| 中部地区合计 | 890 | 864 | 912 | 9056 | 8332 | 8135 | 16352 | 15645 | 15468 |
| 杰尔-莫松-肖普朗州 | 401 | 388 | 375 | 3614 | 3535 | 3458 | 10603 | 10069 | 10082 |
| 沃什州 | 216 | 200 | 210 | 2135 | 1878 | 1824 | 4624 | 4273 | 4171 |
| 佐洛州 | 201 | 221 | 215 | 1936 | 1805 | 1718 | 4322 | 4001 | 3936 |
| 西部地区合计 | 818 | 809 | 800 | 7685 | 7218 | 7000 | 19549 | 18343 | 18189 |
| 巴兰尼亚州 | 376 | 400 | 408 | 2979 | 2546 | 2419 | 4423 | 4439 | 4083 |
| 绍莫吉州 | 198 | 198 | 179 | 3814 | 3482 | 3409 | 3990 | 3812 | 3783 |
| 托尔瑙州 | 156 | 169 | 180 | 2246 | 2193 | 2086 | 3102 | 2960 | 2851 |
| 南部地区合计 | 730 | 767 | 767 | 9039 | 8221 | 7914 | 11515 | 11211 | 10717 |
| 包尔绍德-奥包乌伊-曾普伦州 | 391 | 401 | 403 | 6314 | 5780 | 5368 | 12741 | 11462 | 10533 |
| 赫维什州 | 218 | 202 | 186 | 2935 | 2848 | 2563 | 5369 | 4734 | 4698 |
| 诺格拉德州 | 159 | 134 | 113 | 1390 | 1318 | 1299 | 2193 | 1919 | 1881 |
| 北部地区合计 | 768 | 737 | 702 | 10639 | 9946 | 9230 | 20303 | 18115 | 17112 |
| 豪伊杜-比豪尔州 | 237 | 221 | 187 | 4371 | 4269 | 3781 | 10507 | 10124 | 9991 |
| 加兹-纳杰孔-索尔诺克州 | 280 | 276 | 254 | 3983 | 3704 | 3753 | 5851 | 5545 | 5418 |
| 索博尔奇-索特马尔-贝拉格州 | 346 | 348 | 343 | 5558 | 5211 | 4867 | 9073 | 8526 | 8071 |
| 北部大平原地区合计 | 863 | 845 | 784 | 13912 | 13184 | 12401 | 25431 | 24195 | 23480 |

续表

| 地区 | 职业学校和特殊技能发展学校 | | | 中等职业学校 | | | 职业文法学校 | | |
|---|---|---|---|---|---|---|---|---|---|
| | 2017 | 2018 | 2019 | 2017 | 2018 | 2019 | 2017 | 2018 | 2019 |
| 巴奇-基什孔州 | 651 | 646 | 591 | 4344 | 4145 | 4060 | 9082 | 8461 | 8352 |
| 贝凯什州 | 312 | 313 | 305 | 3317 | 3168 | 3029 | 6471 | 6113 | 5926 |
| 琼格拉德州 | 255 | 243 | 231 | 3041 | 2887 | 2691 | 9023 | 8515 | 8313 |
| 南部大平原地区合计 | 1218 | 1202 | 1127 | 10702 | 10200 | 9780 | 24576 | 23089 | 22591 |
| 全国总计 | 7169 | 7159 | 7004 | 74104 | 68863 | 65771 | 162216 | 152793 | 149090 |

资料来源：Hungarian Central Statistical Office.Education data 2019—2020[EB/OL].(2020-06-29)[2021-10-17].http://www.ksh.hu/apps/shop.kiadvany? p_kiadvany_id=1054321#utm_source=kshhu&utm_medium=banner&utm_campaign=theme-education.

## 第三节　匈牙利职业教育质量保障

匈牙利注重职业教育的质量保障，主要是职业教育培训资格的设计和质量的保障两个方面。在设计职业教育与培训资格过程中，匈牙利注重预测市场对于职业技能的需求，并根据市场需求进行合理设计；在保障质量的过程中，匈牙利重视通过自我评估和外部评估来实现这一目标。

### 一、职业教育与培训资格

#### (一)职业技能需求预测

自1991年以来，劳工组织都会进行短期劳动力市场预测，2005年以来，劳工组织与匈牙利工商会的经济和企业研究组织合作进行该项工作。通常每年都会根据公司分层样本、部门规模进行预测，提供行业和职业群体当前和潜在的裁员和需求信息。州政府办公室的劳动部门还会编制季度分析报告，分析公司未来裁员和职位空缺情况。

自2008年以来,匈牙利工商会的经济和企业研究组织会在特定时间点专门针对熟练工人的劳动力市场供求情况进行年度调查,其中包括雇主对职业教育与培训毕业生普通和职业能力的满意度。数据由各地工商会收集,研究结果有助于州发展和培训委员会就职业教育与培训学校的入学情况向负责职业教育与培训的部长提出建议,并编制州级所需资格清单,作为向学习者和企业分配额外资金的依据。2018年新成立的行业技能委员会的任务之一是编制短期和中期预测报告,以确定职业教育发展的方向和目标,并更新职业资格和课程。

## (二)资格框架

### 1. 国家职业资格登记册(NVQR)

国家职业资格登记册列出了《职业教育与培训法》规定的所有正式职业资格。职业资格可以通过完成职业课程、顺利通过所有考试来获得。有些职业资格只能在正规学校体系内获得,有些只能在成人培训中获得,其余的可以两种形式获得。登记册于1993年编定,此后定期审查和修订。

有三种类型的资格证书:(1)职业资格证书。持有人有权从事与一项或几项职业有关的所有工作,其职业和考试要求通常包括若干特定资格的模块以及由两个或多个资格所共有的模块。(2)部分职业资格证书。持有人有权从事至少一项工作,其职业和考试要求只包含该资格所有模块中的部分模块,除为特殊教育需求学习者而设的职业课程和职业衔接课程外,不得在正规学校体系内开展授予该资格的课程教学。(3)附加职业资格证书。已取得职业资格的人可以取得附加职业资格,通常只包括特定资格的模块,附加职业资格证书持有人有权从事需要更高级别专门知识的新工作。登记册的分类(七位数识别号码)规定了资格水平、获得途径以及每个资格的培训领域。

### 2. 职业和考试要求

国家职业资格登记册中涉及的资格标准在职业和考试要求中得到了界定,该要求以主管部长的法令的形式公布,主要对以下事项做出了规定:持有该资格的人所从事的工作;理论和实践培训的比例;夏季实习的持续时间;学习成果;评估标准;考试要求,包括前提条件(例如外语考试)和考试活动的内容和形式。

### 3. 职业需求模块

职业需求模块可以是一个职业资格独有的,也可以由属于同一职业

或行业的两个或多个资格共享。模块通过单独的政府法令发布，并为每个工作活动设定职业标准(其任务概况)，规定完成这些工作所需的不同类型的知识和技能。

**4. 职业资格标准的设计和更新**

任何机构或个人都可以通过向负责特定资格的部门的部长提交提案，发起删除、修改或新增国家职业资格登记册中的职业资格的申请。发起机构或个人必须为提案提供详细的理由。提案首先由国家职业教育与培训和成人学习委员会办公室审查。社会伙伴通过国家职业教育与培训和成人学习委员会参与这一进程，负责职业教育与培训的部长在做出最后决定之前需要征求他们的意见。社会伙伴和专家(从业者和教师)参与政府发起的所有重大职业教育与培训资格发展项目。资格标准也可以在不修改国家职业资格登记册相关内容的情况下进行更新，只需修改职业需求模块，在这种情况下，相关工作由负责机构委托从业者和教师专家开展。匈牙利工商会在资格设计方面发挥了特殊作用，负责制定大多数资格标准。

**5. 行业技能委员会**

根据2017年对《职业教育与培训法》的修订，从2018年7月1日开始，工商会负责协调新成立的行业技能委员会的运作。

根据政府的倡议，2018年成立了18个行业技能委员会，涵盖41个经济行业，每个委员会有7～19名成员。这些是特定行业利益攸关方的自愿协会，将支持和促进资格标准的设计、更新和发展，并使之与劳动力市场和雇主的要求保持一致。其工作包括监测劳动力市场趋势和技术发展；就国家职业资格登记册和培训方案中的新资格或原有资格的更新提出建议；做出预测，分享短期和中期战略。

**6. 初级职业教育与培训课程框架**

职业教育与培训学校必须根据国家职业资格登记册中针对每个职业教育与培训资格颁发的课程框架编制自己的职业教育与培训课程。这些课程根据职业和考试要求规定教授的职业科目及其内容和上课时间。它们由负责职业教育与培训和成人学习的部长颁布，并经教育部部长和负责特定资格的部长批准。设计和更新课程框架的决定书由负责职业教育与培训和成人学习的部长确定。课程委托教师专家和从业者制定，由国家职业教育与培训和成人学习委员会办公室审定。

### 7. 成人培训的标准和课程

旨在帮助学习者获得国家职业资格登记册所列职业教育与培训资格的成人培训课程必须遵守与正规学校教育相同的标准(职业需求模块)和课程框架;未列入国家职业资格登记册的其他职业课程,成人培训提供者可以自由设计和提供,若培训经费来自国家预算或培训税,必须遵守《成人培训法》的规定。

成人职业课程的要求在内容和功能上与职业和考试要求相似:明确结果标准以及每个模块的水平、入学要求和能力、最少上课时间等。2013年《成人培训法》引入了这些标准,以促进成人培训建立统一和透明的标准,课程可以由任何人设计,并提交给负责注册工作的工商会。根据工商会准则,成人职业培训课程方案必须根据匈牙利资格框架(MKKR)要求的知识、技能、态度和责任等自主描述其结构,确定每个单元的学习成果。课程方案由工商会课程委员会批准。

### 8. 职业考试

国家职业资格登记册中列出的国家承认的职业资格在学习者通过最终的职业考试时颁发。参加考试的前提条件为:在成人培训提供的课程中,通过所有模块的期末考试(模块考试);在正规学校体系提供的职业教育与培训中,获得毕业证书。

在最终的职业考试中,学习者能力由独立的考试委员会在各种书面、口头、互动和实践考试活动中进行评估。考试委员会包括一名考生的教师或培训员以及一名全国考官登记册中的专家。委员会主席由负责职业教育与培训和成人学习的部长任命。原则上,不符合考试条件的学生,仍可获得部分资格,然而,实际上这种情况很少发生。例如,学习者可以在成人培训中免于参加模块考试,职业教育与培训学校的学员还可经校长决定在培训期间提前获得学习认可证书。

## 二、职业教育与培训质量的保障

作为公共教育的一部分,《公共教育法》规定从2015—2016学年起引入学校体系内的职业教育质量保障体系,根据教师、学校领导和学校的自我评估以及对学生在标准化考试中表现的分析,定期对教师、学校领导和学校进行外部评估。

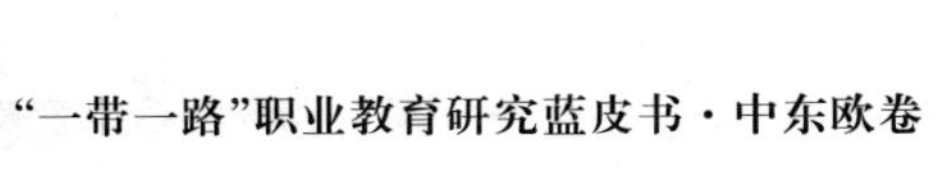


（一）自我评估

所有教师、学校领导以及学校必须每五年进行一次自我评估。教师、学校领导和学校在自我评价的基础上，确定重点发展领域，制订五年发展计划，并实施学校和个人发展方案。

（二）外部评估

国家外部评估针对教师、学校领导和学校，主要目标是支持其专业发展。教育局每五年对所有公共教育机构进行一次评估（学校评估必须先进行，或与学校领导评估同时进行）。参与评估的专家是从国家教育专家名册中选出的在特定部门具有丰富专业经验的同行。评估者根据统一的标准以及特定行业的标准，采用各种方法，例如文件分析、观察、访谈、家长和学生调查等，开展评估。

评估的内容包括教师资格标准所界定的教师教学工作；学校领导在各方面的领导力表现，包括与学生提供实践培训的公司的关系、教学方案的实施以及学校重点领域的发展。

从 2018—2019 学年起，职业教育与培训的评估标准已适应欧洲职业教育与培训质量保障框架。学校领导须在教师认可的基础上，制订学校的五年发展计划以及发展措施；教师和学校领导需要根据评估结果更新自己的五年发展计划。

（三）培训质量保障

向职业教育与培训学校学生提供实践培训的公司的培训质量由和学校合作的工商会通过认证和监督来确保，评估内容包括评估人力和物质条件是否充分以及是否遵守有关法律规定。在正规学校体系之外提供的培训课程，《成人培训法》以新的许可证制度取代了以前的机构和课程认证制度，培训机构必须申请标明其提供的课程的许可证。质量保证系统必须符合负责职业教育与培训和成人学习的部长明确的框架体系，所有机构都应采用此系统。

# 第四节　匈牙利职业教育的特点及未来发展

匈牙利职业教育在发展过程中逐渐凸显出职业教育体系、政策法规不断完善，职业教育逐步适应社会发展，职业教育激励措施多样等鲜明特点。在未来的发展中，匈牙利职业教育也面临诸多挑战，政府为应对挑战不断推进职业教育与培训的进一步改革。

## 一、职业教育与培训的特点

### （一）体系和政策法规不断完善

**1. 职业教育与培训体系不断完善**

匈牙利旨在建立衔接贯通、灵活开放、贯穿终身的职业教育体系，高度重视职业教育与培训体系的建设，给学习者更多选择机会，不断完善中等职业教育（包含中等后职业教育）和高等职业教育两个层次贯通衔接、向劳动力市场开放的职业教育体系，进一步拓展职业教育与培训深造的途径。由于职业学校不授予中学毕业证书，以前法律规定学生毕业后要完成三年的全日制或非全日制普通教育并通过中学毕业考试才能进入中学后专科学校或高等院校继续深造，而从 2013 年起，根据匈牙利实施的职业教育新框架的规定，毕业生可在两年内获得中学毕业证书。即使未获得中学毕业证书，通过高级技师考试且具有五年及以上工作经验者也可以参加中学后职业教育与培训。

匈牙利职业教育与培训体系的主要特点是高中职业教育与培训课程的参与度正在下降；学徒人数稳步增长（2017 年，25％的初级职业教育与培训学员有学徒合同）；学生提前离开教育和培训系统的现象仍存在，特别是在职业教育与培训领域，提前离校与 15～24 岁年龄段的低就业率并存；在学校系统中，成人注册职业教育与培训的比例正在上升。自 1993 年起，匈牙利实行国家职业资格登记册制度，国家承认的部分、全部或附加职业资格，可在正规高中、中学后职业教育与培训或正规教育体系之外

获得。国家职业资格登记册授予持有人从事特定职业或通过考试方可从事的职业的资格。国家职业资格登记册紧跟经济发展,有基于能力的模块化结构,并根据劳动力市场的需要定期更新。修订过程由负责职业教育与培训的行政部门和负责资格审核的部委与行业技能委员会(由工商会协调,参与相关部门的工作)协调进行。学习者在完成职业教育与培训课程后需要通过考试,才能获得国家职业资格登记册中的职业资格。为提高职业教育与培训的质量和效率,2015 年匈牙利设立了 44 个区域综合职业教育与培训中心,由负责职业教育与培训的部委负责运作。职业教育与培训中心每年都会基于就业和就业能力数据以及劳动力市场需求预测发布一份人员短缺工作清单。培训组织可得到奖励,学习者可获得补助金,以此来鼓励开展人员短缺工作的培训。在学校组织的职业教育与培训中,参加获得人员短缺工作资格课程的学员可以凭借自己的表现获得奖学金。

**2. 法律和政策框架不断完善**

匈牙利议会通过的多项法案规定了匈牙利教育和培训系统的运作、组织、管理和经费筹措的基本原则,例如《公共教育法》《职业教育与培训法》《成人教育法》《教科书市场指导方针法》《承认外国证书和学位法》《高等教育法》。根据后来的经济状况和政治背景,这些法律也进行了几次修订。上述法案还辅之以一系列其他法律文书(法律、条例、决定和法令)。若干法案(即《地方政府法》、《移民法》、议会每年通过的《国家预算法》等)同它们共同构成了执行教育与培训有关法律规定的全面和复杂的框架。

《公共教育法》为生活在匈牙利境内的所有学龄人员提供免费的 8 年普通教育和免费的普通高中教育或职业教育。根据该法案,免费义务教育从一个人 5 岁时开始,对应于学前教育的最后一年,18 岁时完成。在高中学习的学生为将来进入高等教育必须通过毕业考试。该法还规定了学生的权利和义务、学校教学和行政工作人员的权利和义务,以及家长在学校成立家长协会和在子女教育问题上的发言权。教科书的认证和补贴由具体法令规定,合格的教科书书目由教育部批准,教师负责教科书的选择。《职业教育与培训法》规定了中等职业学校的教育与培训以及高等职业教育与培训的有关事项。其处理了与承认职业资格有关的问题,规定了受监管职业的设立程序,特别是需要考试并列入国家职业资格登记册的职业。还规定了受培训人员的定位,以及承担其实践训练的雇主的合同责任。此外,该法规定了雇主代表专业团体(工商会)参与课程开发和专业考试的方式。正规教育体系之外的教育与培训大多由《成人培训法》规定,该法为所有成人培训提供者(教育机构、法人或自然人等)就组织和资助任何成人培训的方式制定了一般规则。它规定由国家成人教育认证委员会对所有成人教育与培训课程或培训提供机构进行强制性认证。

虽然上述诸法着眼于特定的教育与培训层次和类型,但教育和培训体系构成了一个有机统一的整体。小学、中学和高等教育以及成人教育与培训都是建立在前一教育层次基础上的,但仍需要通过加强不同类别教育与培训之间的透明度和可转移性,确保所有人不论年龄、社会地位还是个人生活条件,终身都能真正和通畅地获得教育与培训,开展不同形式的学习。

### (二)职业教育与培训适应社会发展

匈牙利政府强调职业教育与培训必须适应经济发展的需求并与劳动力市场直接接轨,所以匈牙利立足于经济社会发展的需求,面向灵活多变的劳动力市场,加强职业教育与培训和行业企业之间的联系。

2010 年 11 月,匈牙利政府总理和匈牙利工商会会长签订合作框架协议,协议指出:工商会在强化双元培训、提升企业在职业培训中的作用以及为学生参与实习获取实际工作经验等方面起着不可取代的作用。工商会深度参与职业教育,为多数蓝领职业资格开发核心课程并制定职业资格标准、组织职业教育与培训考试、执行质量保障措施等,成为职业教育与培训政策制定过程中的关键主体。工商会参与职业教育与培训,促进了职业教育与培训内容和形式与经济需求的紧密结合,提高了职业教育人才培养的质量。随着政府提供越来越多的优惠政策,加上工商会的巨大凝聚力和吸引力,企业参与职业教育与培训的积极性不断提高,越来越多的职业教育与培训学生与企业签订实习合同并在企业开展实习。

### (三)职业教育与培训激励措施多样

#### 1. 激励学习者参与职业教育与培训

近年来,支持技能工作,特别是技术工人培训、提高职业教育的吸引力和参与度以及促进学徒制发展等一直是匈牙利政府政策的重中之重。匈牙利现已采取多种措施激励学生。

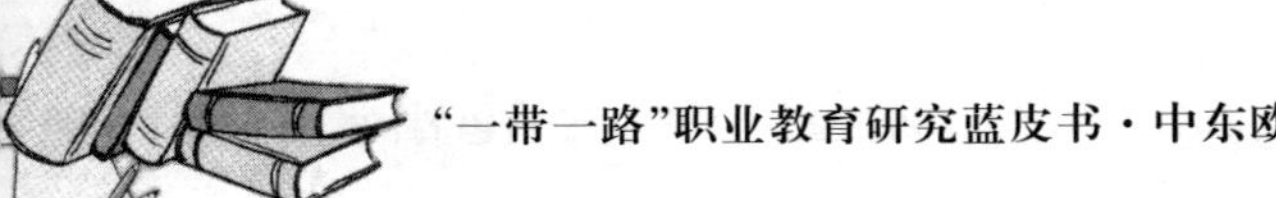


职业教育与培训中的财务激励措施包括工作培训中学习者的定期津贴和其他福利。学习者实习期间的工资或月薪支付金额受《职业教育与培训法》的监管，与最低工资挂钩，但根据课程中实际培训的比例、交付形式以及学习者的业绩和勤奋程度而会有所不同。“阿道夫·萨布基职业教育与培训奖学金”项目①鼓励学习者进入职业教育与培训并接受当地州发展和培训委员会列出的需求资格培训；“职业之路”奖学金项目每月向职业教育与培训学校的弱势学生提供少量奖学金，向职业衔接课程的参与者提供定期津贴，支付课程教师额外费用。一些地方奖学金项目提供给职业教育与培训学校的学生，特别是在有重大工业活动的州。学徒制通过月薪，带薪病假和产假，降低餐费、报销差旅费、保障安全和提供工作服等各种强制性福利措施激励学习者参与职业教育与培训。此外，还会举办各类竞赛活动，如 2018 年在布达佩斯举办的世界技能与欧洲技能大赛、为初级职业教育与培训学习者开展的优秀学生贸易竞赛、每年贸易之星节上最后进行的几轮职业教育与培训学习比赛。

对成人学习者提供经济奖励以激励其参加职业教育与培训。自 2015 年以来，成人教育实行学徒制，向学徒提供经济报酬和其他福利，参加技术工人培训的成人教育人数增加，职业文法学校和中学后课程参与者也有所增加。成人学习者有机会在正规学校体系内免费获得两种职业教育与培训资格，一种是在全日制教育中获得(25 岁之前)，另一种是在成人教育中获得。有多种缺陷或特殊教育需求的学习者可以免费获得多个职业资格，可以在任何年龄进行全日制学习。对于失业和弱势群体，政府会提供免费的培训和就业服务，选定人员并协助其选择所需的职业资格和培训组织；雇主如能提供就业机会，亦可推行培训计划。此外，匈牙利还推动了由欧洲社会基金赞助的培训项目，目标群体包括 15 到 24 岁未接受培训或未就业的青年，25 到 64 岁的失业者和参加公共工作计划的人。在国家职业教育与培训和成人学习办公室的协调下，还设立了两个由欧洲社会基金赞助的面向低学历人群的项目。

据欧盟职业培训开发中心统计，在 2017 年参加劳动力市场培训项目的求职者中，71%的受益者年龄在 25 到 54 岁之间(24%在 25 岁以下)，59%是妇女；就学历而言，大多数受益者接受过初中教育(39%)或拥有职

---

① 之前被称为“职业教育与培训学校津贴项目”，于 2010 年启动。

业教育与培训资格（40％）。雇主组织的培训学员大多是男性（75％），年龄在25到54岁之间（81％），具有职业教育与培训资格（67％）。大多数人参加了为失业者和公务员提供的培训以及为啃老族提供的青年保障项目。《劳动法》规定，雇员有接受初等教育或根据雇员与雇主签订的合同获得培训假或福利的权利，在培训课程结束后，雇员必须在一定时间内继续就业。

**2. 鼓励企业参与职业教育与培训服务**

（1）激励企业培训职业教育学习者。职业教育学习者的培训费用根据企业与职业教育学校的合作协议或与学员签订的学徒合同可以从培训税中扣除，并按人均免赔或可报销费用费率从国家就业基金（NFA）培训子基金中扣除。如果培训九年级职业教育学习者，培训组织还可以将培训税的一部分用于车间开发、支付企业培训员报酬和进行车间维护。医院和其他非营利组织也可以向国家就业基金培训子基金申请培训费用。负责职业教育与培训的部长还可以从国家就业基金培训子基金中为创建企业或发展培训讲习班提供财政支持。基于学校的职业教育与培训确保了企业和职业教育学校之间的合作。

（2）鼓励企业为员工提供培训。企业可以使用其必须支付的部分培训税来资助雇员的职业和外语培训，这一方法仅适用于同时为至少30名学徒或职业教育与培训学校学生提供实际培训的企业，且最多只能占培训税金额的16.5％。2017年对《成人培训法》的修订扩展了“内部培训”的定义，将企业供应商和合作伙伴员工的培训计划也纳入其中，并为短期职业教育与培训或语言培训课程提供便利。如果企业为至少50人创造新的就业机会，或参加由欧洲社会基金赞助的员工专业发展培训行动（企业内培训或购买其他培训提供者的课程），国家也可以在财政上支持该企业为员工提供培训。2018年，欧洲社会基金为针对大公司和中小企业的为期2年的培训项目提供了资金（分别为31.8万欧元和15.9万欧元，相当于培训总费用的50％～70％）。

## 二、职业教育与培训的目标

教育政策仍是匈牙利政府出台方案的重点领域。匈牙利政府将教育政策视为促进经济发展、增强社会凝聚力和增进人民福祉的重要工具。

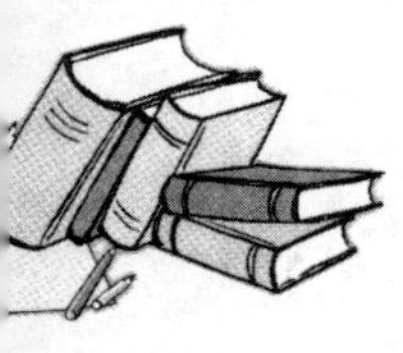


其认为只有拥有具有竞争力和高素质、具有现代知识和进一步发展能力的劳动力，才能在未来取得成功。

匈牙利政府认为未来发展的成功在很大程度上取决于政府如何协调不同部门的各种发展路线，并坚持构成教育政策基石的原则。匈牙利政府教育政策的重点包括以下内容：提高教育质量；通过教育为每个人提供平等的机会；教育是知识经济中的一项资本资产，是影响经济发展的重要因素。

目前，匈牙利职业培训的政策措施和目标主要有以下方面。

(1)职业教育的发展目标包括职业课程现代化，制订制度建设方案，培训师资队伍，帮扶弱势学生，提高现有职业定位、指导和咨询系统的效率。

(2)根据当前劳动力市场的需求，职业教育和培训内容与职业资格要求必须实现现代化。

(3)加强职业培训基础设施建设，改善职业培训的物质条件，掌握现代教育技术，建立学生工作间和办公室以方便实习。

(4)职业定位、指导和咨询系统的发展目标是建立一个国家机构系统和一个信息技术基地，对从事职业定位、指导和咨询的工作人员进行专业培训。

(5)加强面向弱势群体的职业培训机构网络建设，通过为辍学者建立一个“第二次机会”制度框架，缩小处境不利青年和有利者之间的差距。

## 三、主要挑战和对策

### (一)职业教育与培训面临的挑战

匈牙利教育和培训体系面临着与欧洲几乎所有教育体系类似的挑战。这些挑战来自全球化和教育领域(尤其是高等教育)竞争的影响，来自老龄化社会的影响，来自社会和技术变革前所未有的快速步伐的影响，来自社会凝聚力下降的影响。

自 2005 年以来，匈牙利为各级教育和各种教育形式制定了中期战略。2005 年 9 月，匈牙利政府在欧洲终身学习战略的政策背景下，利用终身学习战略整合所有部门。其大多数计划或所提的措施已被纳入由欧盟资助的第二国家发展计划(2007—2013年),并得到欧盟的批准。虽然匈牙利正在进行全面改革,但教育和培训体系的弱点仍然存在,并继续向教育决策者、教育界、整个社会提出重大挑战。

**1. 青年失业率较高**

尽管自2015年以来,匈牙利青年失业率有所下降,但相较于其他欧洲国家,匈牙利社会的失业率仍然很高,同时存在严重的技能和岗位不匹配的问题。人口负增长对职业教育的入学情况产生了负面影响,特别是在技术工人培训方面。近三分之一的职业教育学习者没有接受过中学教育,这主要是由社会经济状况不佳,学习者基本技能低导致的。

**2. 对劳动力市场需求的反应不足**

普通高中、职业学校和高等教育机构的人才培养与劳动力市场对熟练劳动力和高素质劳动力的需求之间存在着明显差距,主要体现在高技术和中等技术的熟练蓝领岗位方面。例如,工业以及技术和机械工程方面人才供需的长期不平衡主要是缺乏来自劳动力市场的系统反馈,以及教育与培训机构满足劳动力市场需求的专业能力和财政资助不足导致的。缺乏与公共就业服务密切相关的咨询和指导,从学校到工作的过渡几乎不受监管,这使得经济主体在确定培训内容和人才培养方面发挥的实际作用依然相当有限。高等教育对产业间知识传播和创新的贡献在很大程度上是不足的。

**3. 成人参与终身学习的程度低**

匈牙利是受教育程度低的成人终身学习参与度低的欧洲国家之一。虽然造成这一现象的原因是多方面的,但成人学习动机薄弱,在学校教育中获得的学习技能不足,非正规培训市场明显由供应驱动是导致这一现象最重要的原因。此外,高等教育机构也缺乏主动性,没有开设以地区或地方需求为重点的非正式培训课程。

**4. 获得优质教育的机会不平等**

匈牙利学校教育的学生在教育与培训体系内的表现和进步与他们的社会和家庭背景具有高度关联性,这在很大程度上再现了社会的不平等。经济欠发达地区的学校面临校舍条件差、教学设备供应不足等问题,这些都阻碍了教育质量的提高与教育公平的实现。

### (二)职业教育与培训改革的对策

面对迅速变化的全球局势和社会环境,要使匈牙利的职业教育与培

训制度更有效地为社会的全面现代化做出贡献，职业教育与培训体系对全球性挑战做出更积极的反应，就需要对职业教育与培训体系的内容、结构、管理和治理采取创新的办法，从而使它们能够自我调整，以适应迅速变化的全球局势和社会经济环境。

匈牙利职业教育与培训体系的具体改革方案和路线图正在逐步成形，改革进程包括确定和执行必要的措施，使职业教育与培训体系具有足够的灵活性，并为其持续自我调整创造必要的潜力。基于匈牙利各方面的条件和欧洲终身学习的观念，改革影响了匈牙利每个教育层次的所有部门和所有方面。所有相关部门的改革都在"质量、途径、效率"三面旗帜下进行，涉及教育、培训及其基础设施等。

**1. 让职业教育与培训基础设施更完善**

发展和完善基础设施对于提高职业教育与培训质量是极为必要的。例如，整修学校建筑要优先考虑改善落后乡村和小区域的学校建筑，因为贫困儿童和处于多重社会不利地位的儿童大多集中于此。匈牙利政府需要优先做的是向地理位置偏远、经济落后区域的学校或培训机构提供资助。对于贫困地区学校面临的教学资源缺乏、经济投入不够的问题，政府应在财政资助方面对其有所偏重，可以通过引进最先进的技术来加强对当地基础教学设施的建设，翻新和改造陈旧和破损的学校建筑。

**2. 让职业教育与培训更贴近职场**

在职业教育与培训中，要建立全国数字网络，对海量数据进行系统的收集、整理和处理，作为建立全国数据库的支柱，企业、学生以及学校可以免费使用该数据库。这将有助于追踪毕业生就业情况，有助于把所有毕业生纳入劳动力市场。应当发展和全面实施与地方或区域一级的公共就业服务网络相联系的职业指导和定位系统，为学校和就业服务机构提供重要信息，帮助学习者从学校顺利过渡到工作岗位上。应进一步发展区域综合培训中心网络，确保在区域一级提供符合当地劳动力市场需要的公平有质量的职业培训。要加强研究机构的研发和应用能力建设，通过建立优秀人才集群和中心，增加科学、数学和工程专业学生的数量和比例，促进产业和学校之间稳定的合作关系。此外，要鼓励教育机构更积极地参与成人教育，特别是采用各种非正规学习形式，注重满足区域发展的职业需求。

**3. 让职业教育与培训更公平**

确保职业教育与培训公平，更好地为所有人提供优质的职业教育与培训。为了实现这一目标，首先要采取一系列法律和财政措施，确保所有人更充分地享有获得高质量职业教育与培训的权利，设立专门的“反种族隔离监督机构”网络，消除一切形式的种族隔离。此外，还要制订专门的职业教育与培训方案以及教师培训和在职培训方案，以促进全纳教育和职业培训发展。应采取不同形式的“第二次机会”计划，帮助没有任何资格证书的辍学青年重新融入社会，为处于社会不利地位的年轻人和休育儿假的年轻妇女提供接受各类教育的机会。应当通过广泛使用信息通信技术设备和开发综合数据库提高效率，提高各级教育机构和学校管理人员的管理和治理能力。

# 第六章 保加利亚职业教育

保加利亚是欧盟成员国,位于欧洲巴尔干半岛东南部,是中国与中东欧联通的重要纽带。其国土面积 11.1 万平方公里,接近我国江苏省,2020 年人口 692.7 万,GDP 总额 685.6 亿美元。经济体量相对较小,属外向型经济,对外依存度高,2022 年 GDP 全球排名第 67 位。中保两国传统友谊深厚,产业结构互补,保加利亚积极参与"一带一路"倡议,并作为 2019 年成立的"中国—中东欧国家全球伙伴中心"成员国积极推动贸易与文化合作,中国也已成为保加利亚在欧盟之外的第三大贸易伙伴国。研究保加利亚职业教育,对于进一步加强中保合作,更好推动"一带一路"建设等,有着十分重要和迫切的意义。

## 第一节 保加利亚职业教育基本情况

保加利亚教育相对发达,在东欧剧变之前,居世界前列。1989 年后,保加利亚取消了原来的苏联教育模式,注重与西方发达国家开展教育合作,2004 年引入欧洲学分转换系统(European CreditsTransfer System,ECTS),2006 年加入欧盟,引入欧洲资格框架体系,积极推动教育改革。伴随着经济体制改革对产业专业化要求的提高,保加利亚各级政府致力于职业教育体系的改革与完善,已建立起较为完善的职业教育法律保障、体系结构及质量保障制度,并鼓励各类社会组织参与职业教育与培训政策的制定与实施。与欧盟平均水平相比,其职业教育与培训入学率相对较高,且与整个教育系统中的其他教育类型协调性较高。

## 一、保加利亚职业教育体系

保加利亚实行4-4-4学制，学制分为小学（1～4年级）、初中（5～8年级），高中（9～12年级，五年制专业高中等则从8年级开始招生）。1991年制定的《国家教育法》第七条规定，6/7岁到16岁的教育为义务教育。小学和初中是基础教育，学生完成第6、7、8年级后选择不同类型的高中就读。高中分为普通教育（即普通高中）和职业教育与培训（职业高中）两大部分，普通高中有3类，即4年制专业高中（自然科学、数学、人文、体育等），（9～12年级）、5年制专业高中（外语）（8～12年级）和3～4年制普通高中（9～11/12年级）。职业高中分为3类：4年制技术学校（9～12年级）、5年制技术学校（外语）（8～12级）和3年制职业学校（9～11年级）。

与其他国家的高中分流不同之处在于，无论选择普通高中还是职业高中，保加利亚学生达到相应标准均可获得普通教育文凭并选择是否继续接受高等教育，选择职业教育与培训的学生，还可以获得职业教育与培训资格证书。保加利亚高等教育体系包括：技术学院（3年，职业学士学位，Professional Bachelor）、大学本科（4～5年，学士学位）、硕士学位（1～2年）、长周期计划的大学高等教育（5～6年）、博士学位（全日制3年，在职4年）。

继续教育为16岁及以上各年龄阶段的成人开设，涵盖了EQF 2～4级（欧洲资格框架2～4级）不同层次的职业教育内容。其中主要教育对象包括：在职人员、失业人员、16岁以上未完成高中教育（包括职业高中）的青少年、退休人员。为成人学习者提供了获得各类型职业教育和培训资格的机会。时间从6个月到1.5年不等，EQF 2级学时为300小时，EQF 3级为660小时，EQF 4级为960小时，EQF 5级为1260小时。保加利亚教育体系总体如图6-1所示。

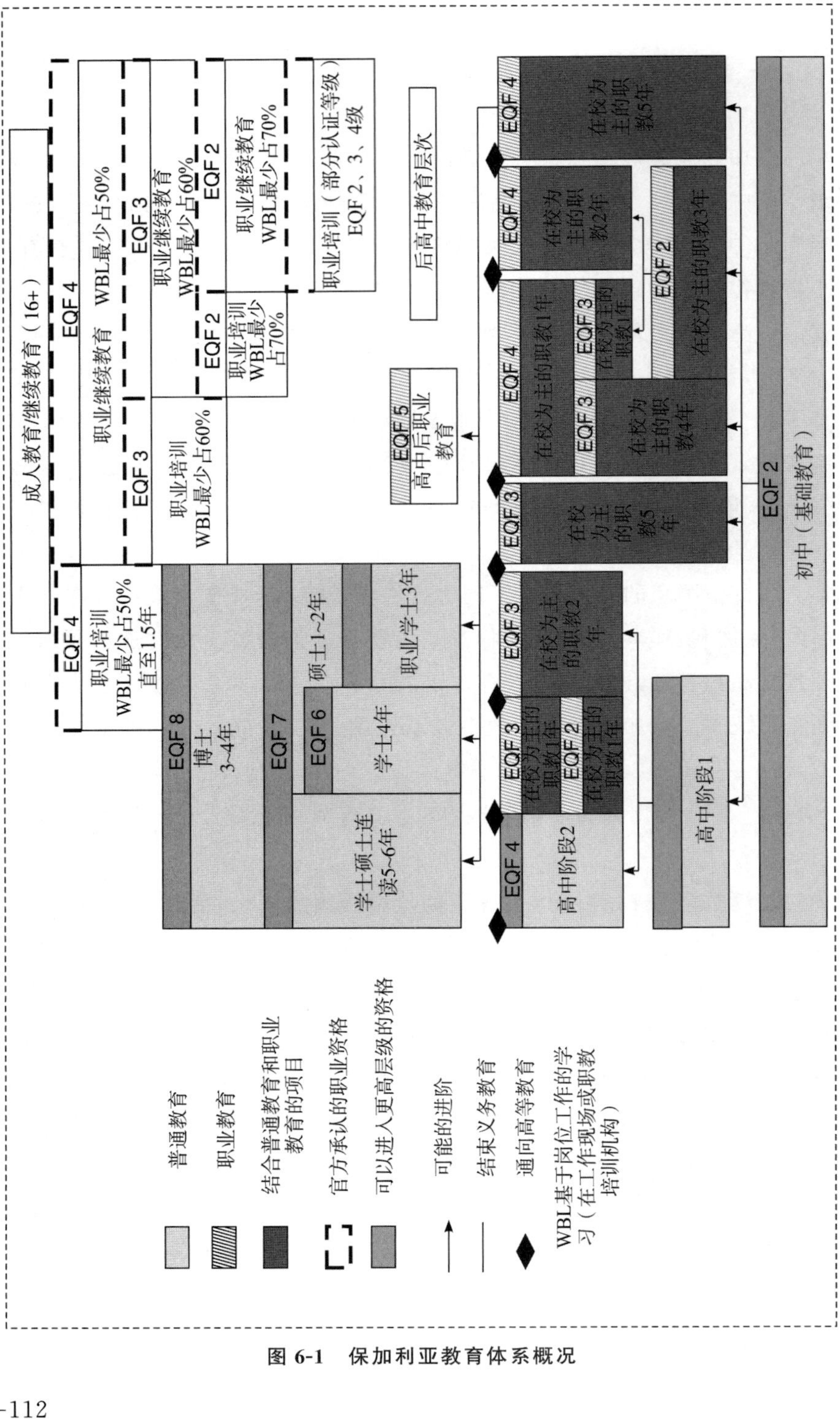

成人教育/继续教育（16+）
EQF 4 职业继续教育 WBL最少占50%
EQF 4 职业培训 WBL最少占50% 直至1.5年
EQF 3 职业继续教育 WBL最少占60%
EQF 3 职业培训 WBL最少占60%
EQF 2 职业继续教育 WBL最少占70%
EQF 2 职业培训 WBL最少占70%
职业培训（部分认证等级）EQF 2、3、4级
后高中教育层次
EQF 5 高中后职业教育
EQF 8 博士 3~4年
EQF 7 硕士1~2年
学士硕士连读5~6年
EQF 6 学士4年
职业学士3年
EQF 4 在校为主的职教5年
EQF 4 在校为主的职教2年
EQF 2 在校为主的职教3年
EQF 4 在校为主的职教1年
EQF 3 在校为主的职教1年
EQF 3 在校为主的职教4年
EQF 3 在校为主的职教5年
EQF 3 在校为主的职教2年
EQF 3 在校为主的职教1年
EQF 2 在校为主的职教1年
EQF 4 高中阶段2
高中阶段1
EQF 2 初中（基础教育）

普通教育
职业教育
结合普通教育和职业教育的项目
官方承认的职业资格
可以进入更高层级的资格
可能的进阶
结束义务教育
通向高等教育
WBL基于岗位工作的学习（在工作现场或职教培训机构）

**图 6-1 保加利亚教育体系概况**

## 二、保加利亚职业教育规模

保加利亚人口较少，受少子化影响，人口总数不断下降，与2010年人口数据相比，保加利亚2020年人口数量减少了46.9万人，下降率6.3%，同时，老龄化程度加剧。人口变化导致参加中等教育的人数一直在减少，职业教育和培训学校的数量也逐渐减少，许多小型职业教育和培训学校已经与大型职业教育和培训机构合并。从2015学年到2020学年，保加利亚学校总数减少了408所，其中职业学校减少了51所，常规和特殊学校总共减少了130所。人口变化趋势将继续影响职业教育的调整。

截至2020—2021学年，保加利亚各类学校数量如表6-1所示。

**表6-1　保加利亚近年来各级各类学校数量**

| | 2015—2016 | 2016—2017 | 2017—2018 | 2018—2019 | 2019—2020 | 2020—2021 |
|---|---|---|---|---|---|---|
| 合计 | 4964 | 4778 | 4711 | 4699 | 4653 | 4558 |
| 幼儿园 | 2002 | 1894 | 1834 | 1834 | 1840 | 1823 |
| 常规和特殊学校 | 2078 | 2051 | 1979 | 1964 | 1972 | 1948 |
| 其中：小学（1～4年级） | 152 | 146 | 137 | 131 | 133 | 129 |
| 其中：基础教育（1～7年级） | 1381 | 1345 | 1203 | 1177 | 1163 | 1151 |
| 其中：基础教育学校中的综合学校（1～10年级） | 未获取 | 未获取 | 59 | 68 | 70 | 71 |
| 其中：高中（8～12年级） | 133 | 128 | 117 | 115 | 114 | 114 |
| 其中：中学（5～12年级） | 405 | 428 | 463 | 473 | 492 | 483 |
| 职业学校 | 469 | 454 | 434 | 430 | 427 | 418 |
| 其中：艺术学校 | 22 | 22 | 22 | 21 | 21 | 21 |
| 其中：体校 | 24 | 24 | 24 | 25 | 25 | 25 |
| 其中：职业中学 | 387 | 373 | 359 | 359 | 358 | 353 |

续表

| | 2015—2016 | 2016—2017 | 2017—2018 | 2018—2019 | 2019—2020 | 2020—2021 |
|---|---|---|---|---|---|---|
| 其中:职业学院 | 36 | 35 | 29 | 25 | 23 | 19 |
| 职业教育与培训成人学习中心 | 361 | 325 | 410 | 417 | 360 | 315 |
| 高等教育机构 | 54 | 54 | 54 | 54 | 54 | 54 |
| 其中:独立学院 | 4 | 4 | 4 | 4 | 4 | 4 |
| 其中:大学附属学院 | 18 | 17 | 17 | 17 | 17 | 17 |
| 其中:大学和同类机构 | 50 | 50 | 50 | 50 | 50 | 50 |
| 所有学校中私立学校数量 | 581 | 547 | 633 | 639 | 593 | 556 |

资料来源:根据保加利亚国家统计网站整理。Education in the Republic of Bulgaria for 2021/2022 School Year、Education in the Republic of Bulgaria for 2020/2021 School Year、Education in the Republic of Bulgaria for 2019/2020 School Year、Education in the Republic of Bulgaria for 2018/2019 School Year、Education in the Republic of Bulgaria for 2017/2018 School Year、Education in the Republic of Bulgaria for 2016/2017School Year、Education in the Republic of Bulgaria for 2015/2016 School Year 等数据整理。Educational institutions by type and kind of ownership[EB/OL]. (2022-4-26) [2022-2-15] https://nsi. bg/en/content/3544/educational-institutions-type-and-kind-ownership.

2020—2021 学年,保加利亚基础教育(小学、初中)毕业生 5.99 万人,高中阶段普通教育毕业生 2.55 万人①。职业教育除职业教育与培训成人学习中心外,共有 21 所艺术学校、25 所体校、353 所职业中学、19 所职业学院,总注册学生数为 13.87 万,②毕业生 1.96 万人,详见表 6-2。

① National Statistical Institute.Education in the republic of Bulgaria for 2020/2021 school year[EB/OL].(2021-4-26)[2022-2-15].Education in the Republic of Bulgaria for 2020/2021 School Year | National statistical institute (nsi.bg).

② National Statistical Institute.Education in the republic of Bulgaria for 2020/2021 school year[EB/OL].(2021-4-26)[2022-2-15].Education in the Republic of Bulgaria for 2020/2021 School Year | National statistical institute (nsi.bg).

表 6-2 保加利亚职业教育学生规模

| | 注册学生数 | 毕业生数 |
| --- | --- | --- |
| 合计 | 138656 | 1.96 万 |
| 艺术学校和体校(第三级职业资格证书) | 9122 | 1.19 万 |
| 职业中学(第三级职业资格证书) | 101248 | |
| 职业学院(第四级职业资格证书) | 530 | 581 |
| 职业中学(第二级职业资格证书) | 24871 | 2300 |
| 职业训练课程(第一级职业资格证书) | 2885 | 390 |
| 其中:私立学校 | 855 | 未获取 |

资料来源:National Statistical Institute. Education in the republic of Bulgaria for 2020/2021 school year[EB/OL].(2021-4-26)[2022-2-15].Education in the Republic of Bulgaria for 2020/2021 School Year | National statistical institute (nsi.bg).

在职业教育毕业生专业分布中,安全服务、工程及工程贸易、商务管理等占比较高。以第三级职业资格证书为例,比例最高的为工程及工程贸易,占比 27.0%;其次为商务和管理(21.5%)。在第四级职业资格证书获得者中,比例最高的是安全服务(76.2%),其次为商务管理(11.1%)①。

在职业教育与培训成人学习中心、职业中学和职业学院中,2020 年注册的 16 岁以上成人付费生总数约为 1.02 万人,根据职业资格证书等级,分别如表 6-3 所示。

表 6-3 保加利亚付费注册就读四级职业资格证书课程的 16 岁以上学生数(2020—2021 学年)

| 证书等级 | 学生人数 |
| --- | --- |
| 第一级职业资格证书 | 3870 |
| 第二级职业资格证书 | 2690 |
| 第三级职业资格证书 | 3600 |

① National Statistical Institute.Education in the republic of Bulgaria for 2020/2021 school year[EB/OL].(2021-4-26)[2022-2-15].Education in the Republic of Bulgaria for 2020/2021 School Year | National statistical institute (nsi.bg).

续表

| 证书等级 | 学生人数 |
|---|---|
| 第四级职业资格证书 | 86 |
| 合计 | 10246 |

资料来源：National Statistical Institute. Education in the republic of Bulgaria for 2020/2021 school year[EB/OL].(2021-4-26)[2022-2-15].Education in the Republic of Bulgaria for 2020/2021 School Year | National statistical institute (nsi.bg).

除了正规教育之外，保加利亚很重视职后教育，接受非正式学习和非正规教育的人口比例很高。在25岁到64岁人口中，接受正规和非正规教育与培训的人口占比，2016年达到24.6%。此外，2016年，保加利亚参加任何形式非正式学习的人口比例达到50.8%，形成了很好的社会学习文化和氛围。

**表6-4 保加利亚接受正规和非正规教育与培训的人口及占比(2016年)**

| | | 正规和非正规教育与培训 | | 参加任何形式非正式学习 | |
|---|---|---|---|---|---|
| | 总数 | 参与人数 | 占比(%) | 参与人数 | 占比(%) |
| 总计 | 3966507 | 974832 | 24.6 | 2013413 | 50.80 |
| 25～34岁 | 944783 | 279506 | 29.6 | 551224 | 58.30 |
| 35～54岁 | 2039684 | 551227 | 27 | 1041911 | 51.10 |
| 55～64岁 | 982040 | 144100 | 14.7 | 420279 | 42.80 |
| 按受教育程度分 | | | | | |
| 基础教育及以下 | 635450 | 48142 | 7.6 | 124118 | 19.50 |
| 高中教育 | 2171866 | 484060 | 22.3 | 1042827 | 48 |
| 第三级教育(中学后教育) | 1159191 | 442629 | 38.2 | 846469 | 73 |
| 按就业状况分 | | | | | |
| 受雇状态 | 2739146 | 918686 | 33.5 | 1589931 | 58 |
| 失业状态 | 606433 | 27897 | 4.6 | 184130 | 30 |
| 不积极 | 620928 | 28248 | 4.5 | 239353 | 39 |

资料来源：National Statistical Institute. Participants in formal or non-formal education and training in 2016 [EB/OL].(2017-09-15)[2022-04-15].https://nsi.bg/en/content/3533/participants-formal-or-non-formal-education-and-training, National statistical institute (nsi.bg).

# 第二节 保加利亚职业教育管理与运行

保加利亚职业教育实行两级办学体制，职业学校由国家教育与科学部和市政当局两级举办，两级管理。职业教育治理具有“中央集权”“社会伙伴参与积极”“法律法规健全”等特点。下面分别介绍其职业教育与培训的管理体制、运作方式、筹资方式以及质量保障体系。

## 一、管理体制

保加利亚国家层面的职业教育与培训政策的制定、协调和实施主要由教育与科学部负责，劳动和社会政策部参与涉及成人职业培训的政策制定。教育与科学部负责国家层面的长期发展规划和职业教育与培训的方案、培训标准、课程标准开发。在学校管理职权上，艺术类职业学校由文化部管理、体育类职业学校由体育部管理，其他相关部委参与制定、协调和更新相关领域的国家教育标准，开发、协调及更新专业目录。雇主代表参与制定、协调和更新国家教育标准、立法框架和政策文件，并参与更新职业目录、组织和举办资格考试。经济及社会理事会讨论与教育有关的问题并提出建议，包括终身学习背景下的职业教育和培训。

保加利亚成立了全国三方合作理事会，就劳动、社会保险和生活水平问题进行协商和合作。该理事会由两名政府代表(其中一名是副总理)、两名工会代表和两名雇主组织代表组成。此外，保加利亚成立了一个国家职业教育和培训中心，主要负责根据国家的职业教育发展规划来规划和维护保加利亚职业教育资格认证体系，并负责对职业教育与培训成人中心(16 岁以上)进行检查和颁发许可证。该机构直接向部长会议报告，预算和部分工作事项由教育与科学部批准。

保加利亚不断从国家层面引导职业教育和培训内容更新，以更好地满足劳动力市场的需求，其抓手主要有三个：职业目录(LPVET)、国家教育标准(SES)、课程标准。这些共同决定了职业教育的资格体系和学习内容。教育与科学部负责批准职业目录，确定国家教育标准并开

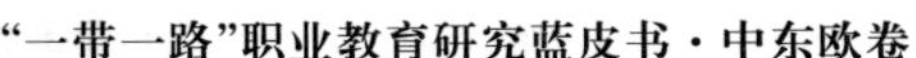


发课程，其他的政府部门，如体育部、文化部和卫生部等与社会合作伙伴共同参与标准的制定。保加利亚职业教育和培训大约包含 200 种职业和 500 个专业，对于每一职业都开发了一个国家教育标准，包括详细描述学习成果、工作活动、工作条件、设备和工具、培训目标以及培训理论和实践部分对设备和材料资源的要求。根据 2018 年 11 月最新修订的《职业教育和培训法》，保加利亚政府的目标是每 5 年更新一次课程。

地区层面，保加利亚多个地区行政部门参与职业教育与培训治理，其任务主要是职业教育政策的实施和控制。包括地区职业学校和培训中心的规划、组织、协调和控制，代表教育主管部门对学校进行检查，并为学生、失业者和其他群体提供职业教育、职业指导和就业帮助服务。

保加利亚职业资格证书设置首先从需求分析开始。资格需求是根据宏观经济模型（用于中长期预测）和年度雇主技能需求调查（用于短期预测）预测的。劳动部负责中期和长期技能预测，就业局负责短期预测，这些预测是基于根据《就业促进法》在一年中两次提供的雇主技能需求调查。中长期预测考虑到了人口趋势以及劳动力受教育程度和经济结构的变化，提供了劳动力供求信息：教育水平（基础、中等或更高）、经济活动、职业岗位、按教育水平分组的劳动力结构性短缺/过剩情况。自 2018 年以来，地区发展委员会的就业委员会每半年均会收集、处理并向就业局提交关于雇主对劳动力需求的信息。

保加利亚职业教育和培训资格在职业清单中按教育领域、职业领域、职业和专业进行分类。根据《学前和学校教育法》《职业教育和培训法》，职业资格的获得受国家教育标准的制约，教育标准按职业划分，由国家职业教育和培训机构与相关部门协调制订，国家教育与科学部部长予以认可。职业资格的获得以学习成果为依据，对职业资格的描述，包括入学资格、学习内容、学习时长、核心能力等。

## 二、法律体系

保加利亚职业教育发展有着良好的法制意识。早在 1883 年保加利亚就建立了第一所工艺学校并通过了一项名为"工艺品商店学员培训架构”的法律。1907 年颁发了第一部关于职业学校的特别法律，建立了第一所技术学校。1921 年出台《公共教育法》，对职业教育进行了全面的规范。1948 年《公共教育法》进一步对当时存在的四类职业学校（VTS——职业技术学校，SVT——中等职业技术学校、技术学校、高等技术学校）进行了法律规范。保加利亚现行的职业教育相关法规主要有：

**表 6-5　保加利亚现行主要法规、重要政策文件与职教相关内容**

| 年份 | 法律法规名称 | 相关内容 |
| --- | --- | --- |
| 2010 | 《国家教育法》（修订） | 国家教育总法，明确义务教育的年限为从 6/7 岁—16 岁，对包括职业教育在内的各类教育的招生等进行了规定。 |
| 1999 | 《职业教育和培训法》（修订） | 规定了职教学校和培训机构职责，为职业教育与培训相关机构发展奠定了基础。制定了职业教育及培训的规则。其中，初级职业教主要从 6 年级或 13/14 岁开始，职业培训主要针对 16 岁以上的辍学青少年和成年无业人员。 |
| 2016 |  | 加强校企合作，企业可以提议修改职业教育和培训资格清单。2016 年开始加强双元制职业教育和培训课程。 |
| 2003 | 《就业促进法》（修正案） | 该法于 2002 年 1 月开始实施，2003 年颁布修正案，在帮助和促进成人就业和再就业，改善就业状况，提高职业培训效果和学习者就业能力，缩短失业期限，加强失业预警以及振兴企业等方面具有积极作用。 |
| 2004 | 《国家持续职业教育发展战略》 | 建立职业资格认证体系，并根据欧盟标准为非学历教育的认证提供了依据。 |
| 2004 | 《高等教育法》（修订） | 《高等教育法》于 1995 年 12 月颁布，2004 年修订，增加了技能教育内容。根据该法，国家制定新的高等教育学分制度，统一职业教育学分和高等教育学分，促进职业教育发展，提高高等教育质量。 |
| 2008 | 《职业资格认定法》 | 规范了对在欧盟成员国或第三方国家获得的职业资格的认定。 |

续表

| 年份 | 法律法规名称 | 相关内容 |
| --- | --- | --- |
| 2008 | 《国家终身学习战略(2008—2013)》 | 倡导基础职业教育,补充教育,16 岁以上辍学青年、失业人员及就业人员的再教育,保证职业培训适应劳动力市场和国家经济社会的需要,改变教育与劳动力市场要求之间的脱节现象,提高就业率,以达到欧盟关于人力资源开发的要求。 |
| 2011 | 《保加利亚国家改革计划框架(2011—2015)》 | 提出将保加利亚转变成一个基于知识和创新的经济社会的目标。明确教育的主要优先事项包括:提升质量,将课程与经济实际需求联系起来;促进教育机会平等;教育灵活应对劳动力市场变化;创造终身学习条件。 |
| 2015 | 《学前和学校教育法》 | 增加了地方和地区当局的责任,使其在职业教育和培训招生、确定职业规划、资助受教育者、为失业者组织职业培训以及为职业教育和培训学校提供设施装备等方面发挥更大的作用。 |

## 三、投资体制

根据《职业教育和培训法》,职业教育机构的资金来源多元,包括国家预算、市政预算、社会捐款、自有收入、国家和国际项目及其他来源。

根据所提供的职业教育和培训方案的具体情况,每个接受中等职业教育的学生每年获得的资助在 1000 至 1500 欧元之间,用于支付场所和基础设施费用、教师工资和社会保障费用等。资助金额差异主要取决于学习者接受的职业教育和培训的种类。学校的经费通常由一个公式决定,该公式考虑了不同职业教育和培训方案之间的费用差异、方案注册学生人数以及各地区之间的差异。

中等职业教育之后的成人职业培训的资金主要来自下列几方面:学员学费、雇主资助、国家预算、欧盟项目方案(主要是 ESF)。中等职业教育和培训则大多由国家资助,私立职业教育和培训学校也可以申请国家资助。2016 年,成人学员自筹学费是成人职业培训资金最常见的来源

(53.49%),此外是雇主资助(29.14%)和通过国家或欧洲公共资源获得的资助(16.83%)。依据2015年10月第280号政府令,符合特定条件的就业者和失业者有资格领取职业教育代金券,代金券的金额取决于他们注册的职业教育培训级别,EQF 2级培训可享受价值为300欧元的代金券,EQF 3级培训为600欧元,EQF 4级培训为900欧元。较年轻的学生在接受教育期间可以获得一些经济奖励。成绩优异的学生可以获得奖学金,而一些处境不利的学生,例如有特殊教育需要的学生或孤儿,可以获得按月发放的社会补助金,金额为全国最低工资水平的5%至15%不等。双元制职业教育和培训模式的学徒直接从雇主那里获得报酬。所有中等职业教育学生在使用公共交通工具时(包括火车和市内公共交通工具),都有权获得折扣,折扣由各市决定,最高可达60%。

保加利亚有许多详细的规章制度来指导学校如何使用资金,例如在教师培训上花多少钱,教室大小和所用设备的标准等。学校一级的财政自主程度不高,仅在有限的事务上有财政自主权,如学校建筑的维修和升级等。学校也与当地劳动力市场合作,为学生安排基于工作岗位的学习实践机会,雇主提供相应的报酬,这种与雇主的合作成为分担教育和培训费用的重要手段。

按照欧盟的标准,保加利亚投入教育和培训的总体资金相对较低(2015年,保加利亚将国内生产总值的4%用于教育和培训,而欧盟的平均水平为4.9%,2016年,教育支出大幅下降了9.1%。保加利亚的教育支出占GDP的百分比降至3.4%,大大低于欧盟4.7%的平均水平),用于职业教育的资金投入低于欧盟平均水平,而且还在下降,支出减少的部分原因是来自欧盟的资金减少。

## 四、职教师资

保加利亚职业教育和培训师资包括:普通学科教师、职业学科教师、职业中心的培训员、企业培训导师。相关立法和规划文件规定了教师的资格要求。普通学科教师所需的学历资格是硕士、学士或职业/专业学士(国家资格框架等级为6A级,欧洲资格框架等级为6级)等高等教育学位,所获学位与教学专业应有相关性。职业学科教师必须拥有与教授的专业相对应的专业方面的硕士、学士或专科高等教育学位。职业中心的

培训员、企业培训导师等则必须是大学毕业生，拥有与职业教育和培训专业列表中所列专业领域相对应的专业的硕士或学士学位。

按照经验和资格，职业教育教师职位分为五个专业资格等级（最高为1级）和三种类型（教师、高级教师、班主任）。国家教育与科学部2016年第12[14]号法令规定了获得此类职位的条件，但是职业教育和培训教师的职业在保加利亚没有吸引力。34岁以下的职业教育和培训教师持续减少，在2018年有12420个空缺，该职业属于高需求工作岗位。

国家教育与科学部2016年第12[14]号法令规定了有关教师、学校校长和教学人员的章程和专业发展要求。根据该法令，教师（包括职业教育和培训教师）必须获得继续培训证书或专业学分来保障教学能力的提升。在每个评估期内，他们除了在自己工作的机构每年获得1个学分之外，必须在外部培训中获得至少3个学分（16个培训小时等于1个学分）。教师、校长和其他教学人员必须创建和维护他们的专业档案，记录相关的学分积累和认证情况。同时，根据国家要求（1997年第162号法令），教师应该完成以下培训：基本培训（10小时）、教学观察（60小时）、持续教学实践（60小时）、实习（100小时）。

2020—2021学年，职业教育教师总数为1.19万，其受教育程度、年龄、院校分布如表6-6所示。

**表6-6　2020—2021学年保加利亚职业院校教师基本情况**

| 职业院校教师受教育程度 | | 职业院校教师年龄分布 | | 不同职业学校类型中教师数 | |
|---|---|---|---|---|---|
| 本科或硕士 | 11250人 | 25岁以下 | 129人 | 完成基础教育后的职业训练班（第一级证书） | 95人 |
| 专业学士 | 451人 | 25～39岁 | 2182人 | 艺术、体育学校（第三级职业资格证书） | 1310人 |
| 高中毕业 | 158人 | 40～49岁 | 3329人 | 职业中学（第三级职业资格证书） | 9115人 |
| | | 50～59岁 | 4196人 | 职业学院（第四级职业资格证书） | 171人 |
| | | 60岁以上 | 2023人 | 其中：私立 | 263人 |

资料来源：National Statistical Institute. Education in the republic of Bulgaria for 2020/2021 school year[EB/OL].(2021-4-26)[2022-2-15].Education in the Republic of Bulgaria for 2020/2021 School Year | National statistical institute (nsi.bg).

总体而言，保加利亚职业院校教师也呈现出年龄偏大的特点，50 岁以上教师占比超过 50%，对职业教育持续发展构成了隐形挑战。

### 五、职教资格与质量保障体系

保加利亚职业教育质量保障体系由相关法律和评估机制共同组成。国家教育与科学部制定了《国家教育条例》，规定获取专业资格证书需要达到的基本条件和学习的课程等，以保证职业教育与培训的质量。2005 年，保加利亚在国家教育与科学部下成立了教育质量控制和评估中心，并在全国建立了 28 个地方监管中心，设立地区巡查员，负责高中学校的内、外部评估及质量控制系统[①]。国家教育与科学部还设计了国家考试项目，学员通过这一考试方可获得职业资格证书。

## 第三节　保加利亚职业教育主要特点

尽管由于社会转型，保加利亚产业发展不尽如人意，对职业教育发展形成明显的制约，但保加利亚职业教育仍呈现出鲜明的特点，有许多值得借鉴之处。

### 一、普职“柔性分流”

保加利亚职业教育与培训以学校体系为主，主要在中学和中学后（非高等教育）阶段实施。提供正规职业教育和培训的主要机构是职业学院、职业中学和职业教育与培训成人学习中心。三类机构的人才培养由四个职业教育和培训资格等级（对应欧洲资格框架 EQF 2 级到 EQF 5 级）组成，实现了培养结果的有效对应和国际对接。

在中等教育第二阶段结束时，通过国家大学入学考试（保加利亚语及

① 王冰峰，罗欢．保加利亚职业教育现状与发展趋势[J]．深圳职业技术学院学报，2018(2)：9-15。

一门学科考试,或者是针对参加职业教育学生的国家资格认证考试)的学生,将获得中等教育文凭(EQF 4 级)或职业教育资格证书,并获得进入高等教育的机会。未通过大学入学考试的学生获得中等教育毕业证书,随后可以继续参加属于高等职业资格 ISCED 453(EQF 5 级)的职业教育,在这一级别获得的资格将帮助学员得到进入劳动力市场的机会。

中等职业教育旨在帮助学生获得初步的职业资格,但也包括获得中等教育文凭所需要的普通国家教育与科学部分的学习,为毕业生同时提供普通教育文凭以及职业教育培训资格证书。2015—2016 学年后,保加利亚中学教育分两阶段实施,学生在完成 10 年级的学习后,可以选择普通教育也可以选择职业教育与培训,无论做出何种选择,学生均可获得普通教育文凭,选择职业教育与培训的学生还可以获得职业教育与培训资格证书,中等教育阶段的这一分流,十分有利于引导学生根据自身特点和兴趣进行日后的学习规划。

与中等职业学校不同的是,职业教育与培训成人学习中心专门针对 16 岁以上的学习者。根据学习结果,学习者这可以获得完全的职业教育和培训资格,也可以获得部分资格。但是,职业教育与培训成人学习中心的学习者不能获得高中文凭(普通教育文凭),这意味着他们不能进入高等教育。16 岁以上的学习者如果想通过职业教育与培训获得高中文凭(普通教育文凭),则只能选择上职业教育学校。

## 二、基于岗位培养、社会参与的体系基本建成

根据《学前和学校教育法》和《职业教育和培训法》,职业资格受国家教育标准的管理,各级职业教育和培训资格的获得以学员的学习成果为基础,职业资格由模块化的学习单元构成,遵循欧洲职业教育和培训学分制度的原则。

职业教育和培训按国家教育标准开展,由理论和实践组成。法律框架对不同类型的初始和继续职业教育与培训进行了规定,包括基本要求,如入学条件、教育方式、培训形式等,并规定了不同教育与培训的课程、培训模块内容、毕业要求等。对各个不同级别的职业教育和培训,都规定了基于工作岗位学习内容的最小比例,一般在 50%～70%之间。

保加利亚开展基于真实工作环境的培训,其形式包括学徒制、在岗实

习、双元制职业教育和培训等。1992年,引入了雇员学徒制。根据与雇主的合同,学徒通常会在培训结束时获得一份工作,这类学徒期最长为6个月。2014年,为已经获得职业教育和培训资格(或高等教育学位)但没有相关工作经验的年轻人(29岁以下)引入了实习机会,实习时间在6到12个月之间。保加利亚从2014年开始引入德国"双元制"职业教育做法,它允许学习者获得职业教育和培训资格,公司的实践培训与学校或其他职业教育和培训机构的理论培训交替进行。公司内部培训师(导师)负责实际培训。他们需要有职业教育和培训或高等教育资格,以及至少三年的专业经验。

**表6-7 保加利亚提供职业培训的企业情况**

| | | 提供职业培训的企业数 | | 培训课程类型 | | | |
|---|---|---|---|---|---|---|---|
| | | | | 内部培训课程 | | 外部培训课程 | |
| 员工规模 | 企业总数 | 数量 | 占比% | 数量 | 占比 | 数量 | 占比 |
| 合计 | 32335 | 11793 | 42.2 | 6355 | 22.7 | 5639 | 20.2 |
| 10~49人 | 26920 | 8675 | 38.2 | 4421 | 19.5 | 3562 | 15.7 |
| 50~249人 | 4681 | 2549 | 56.1 | 1479 | 32.6 | 1616 | 35.6 |
| 250人以上 | 734 | 569 | 78.1 | 455 | 62.4 | 461 | 63.2 |
| 以公私立分属 | | | | | | | |
| 公立 | | 523 | 70.4 | 274 | 36.9 | 318 | 42.8 |
| 私立 | | 11270 | 41.4 | 6081 | 22.3 | 5321 | 19.6 |

资料来源:National Statistical Institute. Enterprises providing training by economic activity in 2020 (Preliminarydate) [EB/OL]. (2022-9-30) [2022-10-15]. https://nsi.bg/en/content/3520/enterprises-provided-cvt, National statistical institute (nsi.bg).

保加利亚鼓励企业更多地参与职业教育和培训,根据《职业教育和培训法》规定,对于企业开展的对外培训,不征收增值税。根据《就业促进法》,雇主为失业者提供培训,国家为参加培训的失业者支付最长达36个月的报酬、社会保障和健康保险费用。如果失业者选择的是学徒制培训,国家甚至承担理论课程的培训费用和辅导费用。但保加利亚企业参与职业教育和培训的程度目前仍然不高。

### 三、积极融入国际社会,提高职业教育质量

保加利亚在政治体制转型之后,积极谋求融入国际社会,职业教育是其缩影。今天,保加利亚国家资格框架包括九个等级(零至八级):零级(准备级),指小学前的教育体系,未与欧洲资格框架建立对应关系,其余八个等级,对应欧洲资格框架八个等级。① 此外,保加利亚职业教育积极引入欧盟职业教育质量保障指标体系和质量管理工具,包括欧盟职业教育同行质量评价等,推动职业教育质量提升。作为一个欧盟国家,保加利亚经济发展的对外依存度高,人员跨国流动大,职业教育积极与国际社会建立对接机制,有利于帮助国民更好地融入国际社会,谋求更为广阔的发展前景。同时,借助欧盟的职业教育发展经验,也可以更好地提高保加利亚职业教育质量。

## 第四节　保加利亚职业教育发展的挑战及中保职教合作前景

受经济发展和人口变化等影响,保加利亚职业教育的发展也面临着诸多挑战,这成为全面了解保加利亚职业教育的另一个重要视角,并为谋求中保职教合作提供重要的参考。

### 一、保加利亚职业教育面临的挑战

与欧盟的平均水平相比,保加利亚高中职业教育和培训的入学率相对较高,职业教育体系与教育系统的其他部分形成紧密联系。然而,职教系统仍然存在重大挑战,其挑战主要表现在下列方面:

第一,职业教育与培训体系对劳动力市场的反应不够及时。保加利

① 王冰峰,罗欢.保加利亚职业教育现状与发展趋势[J].深圳职业技术学院学报,2018(2):9-15。

亚政府对职业教育和培训的管理过于集中,国家以下各级政府自主权和灵活性低,在就业、经济发展和职业培训这些领域的政策协调程度较低。在保加利亚,与职业教育和培训学校日常运行相关的大量决策仍在国家层面做出,地方层面缺乏调整或改变职业教育与培训计划内容的灵活性和决策能力。同时,除了提供雇主要求的专门的知识和技能并帮助学习者找到工作外,职业教育和培训还必须确保学员的基本技能和可转移技能,使学生能够在不断变化的劳动力市场中灵活适应。

第二,保加利亚劳动力的技能和社会需求高度不匹配。目前保加利亚劳动力整体技术与技能水平偏低,高层次技术劳动人员仍比较稀缺。根据2019年3月的一项相关调查,37.0%的工业企业指出劳动力短缺是限制其发展的一个因素,与上年同期相比,该指标值增加了4个百分点。从获得四级职业教育资格证书毕业生的情况看,高级别职业资格等级证书课程修读人数有限,毕业人数也非常有限,尤其是第四级。

第三,职业教育研究十分薄弱。保加利亚几乎没有与职业教育与培训相关的研究。对保加利亚职业教育与培训治理的外部评估认为,保加利亚缺乏评估和监测职业教育发展质量的系统数据和信息。保加利亚政府对有效监控和保障职业教育与培训质量的能力表示担忧。相关管理部门虽然收集了重要的质量数据,但没有进行例行分析。职教质量数据和证据未能系统性地公开提供,也未能成为政策决策的信息支持。尽管职业教育与培训体系在近几十年来经历了实质性改革,但很少有评估试图了解过去变化的结果,以便为未来的改革进程提供信息。

第四,成年人参加职业教育和培训的总体比例很低。2018年保加利亚参与终身学习的比例为2.5%,远低于欧盟28国11.1%的平均水平。其成人终身学习的参与率在欧盟是第二低的,并且在过去十年中增长缓慢。同时,大部分成人培训机构是私人的,当局很难管理。

## 二、中保职业教育合作前景展望

中国与保加利亚在历史发展上有共同之处,都经历了由计划经济为主导转型为市场经济的过程。在"一带一路"倡议以及"中国—中东欧国家全球伙伴中心"合作机制下,中国与保加利亚经贸、文化合作日趋紧密,两国职业教育的合作需求也随之增长。今天,保加利亚现正经历产业重

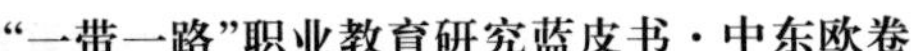

心由重工业向轻工业转型的历史阶段,相关领域如通信、汽车、物流等行业的技术技能人才缺口较大。保加利亚政府发布了《国家终身学习发展规划 2014—2020》《职业教育发展规划(2015—2020)》等系列规划,推进了全民终身学习系统的建设。职业教育在全民终身学习系统中承担了关键角色。

保中两国非常重视职业教育领域的合作,两国除了签署学历互认协议外,还于 2020 年签署了教育合作协议,协定加强两国高等教育、职业教育等层面的全面合作,为中国与保加利亚继续扩大双边职业教育与培训合作创造出有利条件。

随着中保两国双边贸易持续上升和贸易总量不断提高,中保两国职业教育双边交流与合作一定会进一步加强。除了基于"孔子学院"平台的双边交流合作外,中国与保加利亚的中外合作办学项目也将会进一步拓展,保加利亚与中国学生交流人数也将进一步增加。双方的合作领域与内容,主要有以下方面:

第一,基于产业的职业教育合作。目前,中国与保加利亚在农业和食品加工、汽车工业、信息技术、金融、工程建设这五个领域开展了深层次的合作。中国在通信工程、基础建设、物流、清洁能源领域产业发展成熟,可向具有产业发展需求的保加利亚输出技术人才。保加利亚的葡萄酒、玫瑰油、旅游业等资源丰富,可进一步与中国合作。中国与保加利亚可在这些合作产业与互补产业方面加深合作,并在此类行业领域开展职业教育与培训,利用贸易的交流推动两国的职业教育合作,联合培养重点行业领域的应用技术型人才,形成产业、教育相互服务、相互发展的合作机制。

第二,培训跨国企业人员。目前,在保加利亚开展商务活动的中资企业有 20 多家。在保加利亚整体劳动力水平不高的背景下,企业可联合职业院校对本地的员工开展职业技能培训,中方职业院校可按照企业的需求,对保加利亚的在职人员提供技能培训服务,满足中国企业对实际生产运营的需要,同时提升保加利亚当地的就业技能水平,并促进中国职业院校与产业的融合以及国际化水平。此外,中方企业人员亦可通过与保加利亚职业院校的合作,掌握当地的语言文化及生产标准,提升中方人员融入当地的程度与生产的本土化、国际化。

第三,发展国际职教师资队伍。师资发展是教育水平提升的重要前提。中国与保加利亚在师资资源层面各有优劣。中保双方职业院校可建立师资协调发展机制，互派教师开展国际化师资提升项目。一是联合开展教师培训项目，中方职业院校可发扬自身学术及教学方法的优势，为保加利亚方面教师开展学术队伍与国际教学法的培训，为保方师资队伍的发展提供方法论。保加利亚则可运用自身立足欧盟职业教育标准化的优势，为中方职业院校教师开展人才标准化培训。二是中保双方可互派教师至对方院校讲学，在跨文化交流的背景下互相促进教师国际化发展。

# 第七章 斯洛文尼亚职业教育

斯洛文尼亚共和国(The Republic of Slovenia),简称斯洛文尼亚,位于中欧南部,官方语言为斯洛文尼亚语,该国环境优美,经济发达。1991年6月25日,斯洛文尼亚宣布独立,1992年5月加入联合国,2004年3月加入北约,同年5月加入欧盟,2007年1月加入欧元区并于12月加入申根协定。斯洛文尼亚总面积大约为20300平方公里,截至2021年4月1日,斯洛文尼亚人口总数为210.7万人,人口密度在欧洲国家中偏低,是一个多民族国家。斯洛文尼亚在2006年被世界银行列为发达国家。2020年受新冠肺炎疫情影响,斯洛文尼亚GDP总量为535.9亿美元,较2019年下降4.2%,人均GDP为22915美元,农业、工业和服务业增加值占GDP的比重分别为2%、29.1%和68.9%。[①] 在服务业构成中,知识型服务业比重较大,旅游业发达;在制造业方面,斯洛文尼亚拥有良好的工业和科技基础,化学、电子设备、机械制造、交通运输和金属制造行业的产值位居前列。斯洛文尼亚本身经济规模较小,属于高度外向型经济,出口是拉动斯洛文尼亚经济增长的主要动力。2020年,斯洛文尼亚商品出口总额448亿美元,进口总额421亿美元。斯洛文尼亚劳动力素质较高,经济部门的就业人员中约11%接受过高等教育,而劳动力成本在欧洲居中等水平。2020年,斯洛文尼亚劳动力人口总数为102.25万人,农业、工业和服务业就业人口占就业总人口的比重分别为4.28%、34.1%、61.61%,2020年失业率为5.17%,低于欧盟平均水平(7.1%)。[②]

近年来,在"一带一路"倡议和中国—中东欧国家合作机制推动下,中

---

① 世界银行.斯洛文尼亚GDP[EB/OL].(2021-7-1)[2022-2-20].https://data.worldbank.org.cn/indicator/NY.GDP.MKTP.CD? locations=SI.

② 世界银行.斯洛文尼亚总失业人数(占劳动力总数的比例)[EB/OL].(2021-7-1)[2022-2-20]. https://data.worldbank.org.cn/indicator/SL.UEM.TOTL.ZS? locations=SI.

斯在经贸和人文领域的互动进一步深化，为职业教育等各领域的合作带来机遇。研究斯洛文尼亚职业教育与培训现状，分析其发展特点、现实挑战和未来趋势对推进中斯职业教育合作，服务“一带一路”高质量发展，构建人类命运共同体具有重要意义。

## 第一节 斯洛文尼亚教育体系基本情况

斯洛文尼亚教育发达，在欧洲处于中上游水平，联合国开发计划署(UNDP)发布的《2014年人类发展报告》指出，斯洛文尼亚的教育指数为0.863，属于极高教育发展水平组。[①] 斯洛文尼亚政府重视教育，实施义务教育，教育体系完整、基础扎实，为不同类型学生提供了多样化的教育选择，也为该国培养了一批素质较高、技术娴熟的劳动力。斯洛文尼亚教育体系完整，覆盖学前教育、初等教育、中等教育和高等教育。斯洛文尼亚的教育体系旨在培养具有良好知识基础的学生，并为其提供多样化的成长选择，学生可以根据自身情况和职业规划，决定在哪个阶段完成学业以及继续什么样的学业。

### 一、学前教育

斯洛文尼亚重视学前教育(ISCED 0)，认为孩子早期教育是他们未来发展、学习能力和终身学习的基础，学前教育在促进儿童认知和社会发展方面发挥着重要作用。因此斯洛文尼亚大力投资幼儿教育和保育(childhood education and care)，幼儿入学率很高。为了改善获得学前教育的机会，政府出台《幼儿园法》(2008年)和《行使公共资金权利法》(2012年)，向有两个或更多孩子参加学前教育的父母提供补助金。2017年，斯洛文尼亚74%的2岁儿童在学前和保育机构入学，而经合组织国

① 宋彩萍，巫雪松.中东欧十六国高等教育现状兼论EQUIS在中东欧[M].上海：格致出版社，2016：150.

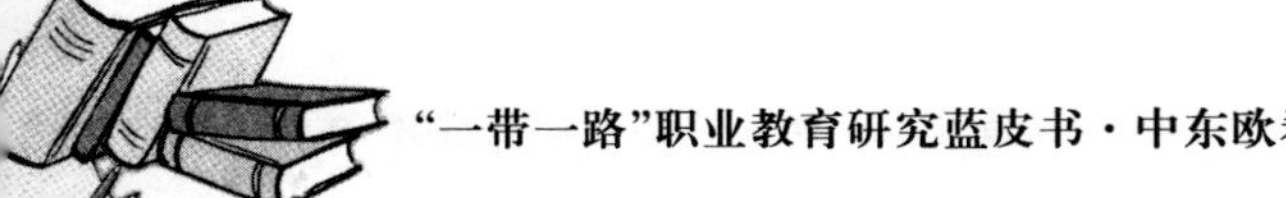


家平均为62%。①

斯洛文尼亚学前教育体系完整，能够提供1～6岁儿童的教育，是欧盟中将3岁以下儿童纳入正式学前教育体系的国家之一。3～4岁儿童的入园率处于欧洲国家的平均水平，其中，大约96%就读于由当地社区创办和资助的公共机构，这一比例在所有经合组织国家中是最高的，大大高于经合组织66%的平均水平。截至2020年12月，斯洛文尼亚共有幼儿园406所，其中包括108所独立幼儿园，204所小学附属幼儿园，94所私立幼儿园。② 所有公立幼儿园都按照认可的计划开展工作，私立幼儿园的管理人员有权制订自己的计划，但必须公开并获得认可。每个教育工作者和助理教育工作者都需要接受适当的教学教育，通过考试并获得任教许可。学前教育的质量保障是斯洛文尼亚教育计划的基本准则，其监督具体由教育和体育监察局进行。

## 二、初等教育

斯洛文尼亚将小学教育（ISCED 100，EQF 1）和初中教育（ISCED 244，EQF 2）统称为初等教育或基础教育，儿童从6岁开始接受小学教育，为期9年。初等教育的目标是使斯洛文尼亚的所有居民都能获得一定的知识，发展自身才能和创造力，表达批判性思维并获得优质的通识教育，以及身体、心理和个人的和谐发展。

斯洛文尼亚实施义务教育制度，根据《斯洛文尼亚共和国宪法》的规定，初等教育属于义务教育，由国家资助，免费面向6～15岁学生提供，居住在斯洛文尼亚共和国的外国公民的子女有权在与斯洛文尼亚人相同的条件下免费接受义务普通教育。斯洛文尼亚有284所公立学校和6所私立学校。公立学校由当地社区创办，由教育部资助。父母主要承担膳食、学习用品、书籍和课外活动的费用，大部分学生在公立学校学习，只有不到1%的学生进入私立学校接受基础教育。初等教育分为三个阶段，从6年级开始，学生有机会自主选择两三个科目。这鼓励他们发展技能，并让

① OECD. Education at a glance 2021 [EB/OL].(2021-9-16) [2022-1-23]. https://doi.org/10.1787/e7ee86cb-en.

② Ministry of Education. Preschool education [EB/OL].(2020-1-24)[2022-4-5].https://www.gov.si/podrocja/izobrazevanje-znanost-in-sport/predsolska-vzgoja/.

他们有机会在其最感兴趣的领域获得知识。

在斯洛文尼亚现有的学校体系中，国家知识评估测试是决定和保证学校工作质量的重要因素。在6年级和9年级结束时，学生必须参加国家知识评估测试。6年级的考试包括数学、第一外语考试和语言考试（斯洛文尼亚语、意大利语、匈牙利语考试三选一，具体取决于居住地区）。9年级的考试包括数学和语言考试，以及每年负责教育的部长确定的第三门科目。根据测试成绩和整体表现，9年纪的学生才能确定是否被允许进入中等教育阶段。

## 三、中等教育

斯洛文尼亚希望通过中等教育使所有公民都能获得通识教育和职业教育，能够融入更广泛的欧洲社会，并且鼓励他们提升创造力。中等教育是选择职业道路的第一步，学生可以根据初等教育的学业成绩、职业抱负和规划，选择自己想接受的中学教育类型。

中等教育分为普通高中教育与职业中等教育两种类型。职业中等教育一般分为短期职业高中教育（nije poklicono izobrajevanje，NPI，ISCED 353，EQF 3）、职业高中教育（sred nje poklicono izobrajevanje，SPI，ISCED 353，EQF 4）和技术高中教育（srednje strokovno izobrajevanje，SSI，ISCED 354，EQF 4）。普通高中教育（ISCED 344，EQF 4）为期4年，以普通期末考试结束，主要由公立学校提供。普通高中课程可能侧重于普通教育或更经典的科目，也可能增加一些专业方向，如技术、经济和艺术。在普通期末考试中，学生将参加斯洛文尼亚语言和世界文学、数学、英语和两个选修科目的考试。入学取决于过去3年基础教育的成绩，毕业生有机会接受高等教育。全国共有5～7所私立学校和大约60所公立学校。从普通高中教育阶段的文法学校毕业后，学生可以进入大学。因此文法学校在斯洛文尼亚最受欢迎，入学者通常是成功通过国家知识评估测试并且所有学科成绩优异的学生。

## 四、高等教育

斯洛文尼亚非常重视高等教育，基本目标是质量和卓越、多样性和可

及性,使每个人都能接受具有国际可比性和认可度的高等教育,从而在欧洲乃至全球获得更多的就业机会和流动机会。从 2011 年起,斯洛文尼亚高等教育毛入学率一直保持在 80%以上,远超被视为高等教育普及化临界点的 50%,高等教育水平发达。①

斯洛文尼亚高等教育由短期高等职业教育与普通高等教育构成,采用学分制管理。短期高等职业教育(ISCED 554,EQF 5)由高等职业院校提供,学生完成学业后可获得高职文凭。普通高等教育由普通高等院校提供,包括专业学士教育(ISCED 655,EQF 6)、学术学士教育(ISCED 645,EQF 6)、硕士教育(ISCED 767,EQF 7)和博士教育(ISCED 844,EQF 8),本科教育学制一般为 3~4 年,学生需要获得 180~240 个 ECTS 学分;硕士研究生教育学制一般为 1~2 年,需要 60~120 个 ECTS 学分,还有一类学制为 5~6 年的综合硕士(ISCED 766,EQF 7),毕业需要 300 或 360 个 ECTS 学分。②

斯洛文尼亚大力推动高等教育国际化,2011 年出台的《关于 2011—2020 年国家高等教育规划的决议》从斯洛文尼亚毕业生、留学生、博士生、教师与研究人员、国际机构等方面的指标评估高等教育国际化发展水平。③

## 第二节　斯洛文尼亚职业教育概括

斯洛文尼亚职业教育自从属于奥匈帝国时便已开始萌芽,经过不断的本土化改革,在欧盟指导下,逐渐建立起包含初始和继续职业教育与培训的相对成熟的现代职业教育体系。

---

① UIS Stat. Education [EB/OL]. (2018-03-01) [2022-1-23]. http://data.uis.unesco.org/Index.aspx.

② 刘进,张力玮."一带一路"高等教育国别比较研究 1[M].北京:北京理工大学出版社.2019:75.

③ 刘进,张力玮."一带一路"高等教育国别比较研究 1[M].北京:北京理工大学出版社.2019:77.

## 一、职业教育发展的基本历程

斯洛文尼亚的职业教育大致经历了萌芽期、探索期、过渡期和发展期这四个发展阶段。

### （一）萌芽期

1918年前，斯洛文尼亚从属于奥匈帝国，那时候的年轻人大都从父辈或者手工业商店的工匠那里获得培训，学校培训的机会非常有限。那些想要创业的人必须在不同的工匠那里游历和工作几年才能开自己的店。

在两次世界大战之间，斯洛文尼亚的大部分领土属于南斯拉夫，职业培训是在工作中以及低职、高职学校获得的，涉及行业主要是商业、农业和手工业，此时接受培训的年轻人数量很少。

### （二）探索期

二战后，斯洛文尼亚职业教育发展主要受到两个因素的影响。一是快速工业化，农业部门活跃人口所占的比例从1931年的61%下降到1971年的26%和1991年的15%；二是当时南共联盟领导的政府，其对包括就业和教育在内的所有领域进行了规划。[①]

从二战结束后到20世纪60年代末，斯洛文尼亚职业教育保留了旧的双元制，即学生每周上学两天，与雇主一起工作四天。国家机构制定标准并规范学生、学校和雇主的角色，例如需给予学徒（学生）适当的工资，雇主必须在他们成功完成培训后雇用他们。行会也发挥了一定的作用，如组织相关考试。然而，培训逐渐从雇主那里转移到了学校车间，1968年实习制度推出，成为学校与工作之间的过渡。

20世纪70年代，学校培训作用不断扩大的趋势仍在继续。中等教育有统一的趋势，越来越多的普通知识被纳入职业课程和普通课程中，旨

① I. Svetlik Adjusting to the falling interest in VET in Slovenia.[J]. European Journal Vocational Training, 2004(3):40-48.

在帮助毕业生向工作过渡,而不仅仅是继续深造。当时的社会认为,年轻人应该早些开始工作,然后再回去上学。到了80年代,随着就业导向教育和培训的实施,改革者再次开始强调在真实工作环境中的培训。然而,这次改革并没有产生预期效果。因为学校教学没有提供足够的知识作为实践培训的基础,而且小生产者的私营部门没有经济能力再招收学徒,学校也不面向小私营生产者和工匠开展培训。因此,此时的职业教育与培训比以往任何时候都更加以学校为基础,与工作环境脱节。

中等教育的统一遭到诸多非议,一方面,普通中学被取消,普通教育的质量下降了,学生没有做好接受高等教育的准备,另一方面,用人单位对中学毕业生的培训质量也不满意。

### (三)过渡期

由于原有的教育体系无法满足学生和私营企业的需要,所以从20世纪80年代后期开始,斯洛文尼亚逐步重新引入普通教育和双元制,重点关注小型私营企业的需求。

在转型的最初几年,普通教育和职业教育之间的区别越来越大,直到1996年新的教育法出台。新教育法的主要特点是高度集中和有更多选择的教育和培训机会。普通高中专为学生进入高等教育做准备,双元制为小型手工艺作坊和工厂所需的不同职业提供培训。除此之外,学生还可以选择职业高中、技术学校和学校职业培训。完成4年中等教育后,学生还可以继续在新的职业大学学习。对于斯洛文尼亚这样一个人口较少的国家来说,教育与培训的选择可以说是非常丰富的。

1996年,斯洛文尼亚实施课程改革,旨在推动教学现代化,包括引入现代教学方法,更好适应劳动力市场需求。但是这次课程改革并未对职业教育与培训带来显著的影响,只确认了职业教育与培训的"双重性",包括企业培训和学校教学相结合的双元制培养模式,以及强调课堂教学和学校车间培训相结合的校本制培养模式。这两种模式都受到了通才教育的强烈影响,在双元制培养模式中,大约18%的时间用于普通课程,大约15%的时间用于职业理论课程;在校本制培养模式中,上述的比例分别为

29%和28%。因此,这两类培养模式被批判忽视了学生职业能力的培养。①

### (四)发展期

斯洛文尼亚在20世纪90年代中期成为欧盟成员国的候选国,这就要求在经济、政治和社会领域进行一定的调整。对于职业教育领域,在欧洲培训基金会(ETF)指导下,斯洛文尼亚开启了两个法尔法案,其中一个重要部分旨在评估和发展职业培训和成人教育。评估结果显示,斯洛文尼亚的职业教育与培训主要存在以下问题:在国家层面高度集中化,对市场需要响应度很低;课程体系传统,无法帮助学生形成必要的知识整合的能力以及实现职业能力的发展;课程设置不适合成人培训;课程外的知识与培训难以得到认可;双元制和校本制下学生有同样职业资格,但获得的知识和能力不同。

针对职业教育与培训评估结果,斯洛文尼亚劳工部出台了《国家职业资格法》,国家职业教育与培训委员会为发展职业教育与培训准备了新的指导方针。这些法律、政策推动了通过各种途径获得的知识和技能能够得到认证,发挥了企业在技能人才培养中的主体作用,使企业能够共同参与课程的开发、培养模式的制定等,促进了课程教学改革,消除双元制和校本制课程之间的差异。

在不断的探索与改革中,斯洛文尼亚逐渐建立起相对成熟,具有多样化选择的现代职业教育体系。

## 二、职业教育与培训体系基本结构

### (一)初始职业教育与培训(initial vocationl education and trainning,IVET)

斯洛文尼亚的正规职业教育和培训从高中开始。初始的中等职业教育有短期职业高中教育(NPI,ISCED 353,EQF 3)、职业高中教育(SPI,

① I. Svetlik Adjusting to the falling interest in VET in Slovenia.[J]. European Journal Vocational Training, 2004(3):40-48.

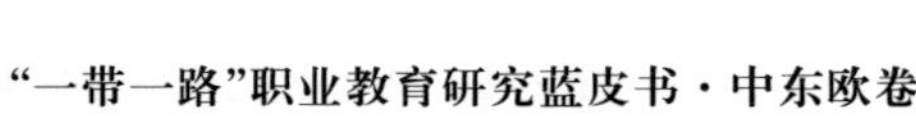


ISCED 353，EQF 4）和技术高中教育（SSI，ISCED 354，EQF 4），面向不同人群提供了多样化的职业教育选择。

短期职业高中教育（NPI）面向完成九年基础教育，以及受教育水平较低的以特殊要求完成基础教育的学习者，旨在让学生为掌握未来的职业做好准备，为期 2 年，由职业学校（VET schools）和学校中心（school centres）提供，以期末考试结束，学生完成学业后可继续接受职业高中教育（SPI）和中等职业技术教育（SSI），也可从事要求较低的职业，包括木工、助理建筑工人、生物技术和护理助理、工艺流程助理、辅助管理员和纺织工人。NPI 课程包括 35％～40％的实践培训，其中 4 周（152 小时）用于企业培训。

职业高中教育（SPI）面向劳动力市场，通常招收完成初等教育或短期职业高中教育（NPI）的学生，为期 3 年，由职业学校和学校中心提供。SPI 课程主要提供两种学习途径：一是以学校为基础的途径，约 20％（至少 24 周）的课程在雇主那里进行，其余在学校进行（包括普通科目和职业教育与培训模块）；二是学徒途径，至少 50％的课程由雇主承担，至少40％的课程（普通科目和职业教育与培训模块）由学校提供。SPI 要求学生掌握木匠、机械师、玻璃匠、美发师、面包师等应用专业的知识与技能，因此大多数中等职业教育项目也以学徒制的形式实施，与企业联合进行实践培训，便于学生更好地巩固理论知识与就业。SPI 以期末考试结束，学校或学徒途径的学生无需接受任何进一步的正规教育或培训（实习）即可就业，也可以继续接受职业技术教育（PTI，ISCED 354，EQF 4）。PTI 课程为期 2 年，以学校为基础，大约 10％的课程是实践培训，其中两周（76 小时）是企业培训，其余的是作为职业模块一部分的校内实践培训。PTI 以职业期末考试（poklicna matura）结束，毕业生可进入劳动力市场，亦可参加高等职业教育（ISCED 554）课程或第一周期专业学士课程（SCED 655）学习，甚至可以通过期末考试（general matura）科目的额外考试参加一些第一周期的学术学士课程（ISCED 645）学习。SPI 毕业生在有三年工作经验后也可通过考试进入高等职业教育。

技术高中教育（SSI）面向完成基础教育或短期职业高中教育（NPI）的学生，为期 4 年，旨在使学生进一步获得特定技术或经济专业的知识，由职业学校和学校中心提供。SSI 课程以学校学习为主，大约 15％的课程是实践培训,其中至少8周(至少304小时,取决于课程性质)是企业培训,其余的是作为职业模块一部分的校内实践培训。SSI以职业期末考试结束,毕业生去向基本与PTI一致。

在中等教育和高等职业教育之间还有职业衔接课程(poklicni tečaj,PT,ISCED 354,EQF 4),主要面向希望从普通教育转入职业教育的学习者,招收普通高中毕业生或没有职业资格证书的技术高中毕业生,为期一年,由职业学校和成人教育机构提供。职业衔接课程有四种资格,分别是经济、烹饪和旅游、学前教育、计算机技术员。

在2019—2020学年,34.8%的学生参加了普通高中课程;65.2%参加了中等职业教育课程,其中,41.8%参加了SSI课程,16.8%参加了SPI课程,1.5%参加了NPI课程,4.9%参加了PTI课程,0.2%参加了PT课程。

高等职业教育[višje strokovno izobraževanje(VSI),ISCED 554,EQF 5]是两年制的IVET正规高等教育课程,由公立或私立高等职业学校提供,面向高中毕业生,或者有三年的工作经验并通过了工匠/领班/店长职业文凭考试的学习者。2019—2020学年,13.9%的高等教育年轻学生参加了37门VSI课程中的一门。VSI课程以学校为基础,其中设置在公司内的基于工作岗位的学习课程占总课程的10%~40%。学生、学校和雇主必须签订学习合同。通过文凭考试(包括提交和答辩注重实践的文凭论文)后,毕业生将获得高等职业教育文凭证书,可以继续接受专业学士教育。

### (二)继续职业教育与培训(continuous vocationl education and trainning,CVET)

成年人可以报名参加与年轻人相同的正规职业教育和培训课程,也可以参加公共或私人提供者提供的继续职业教育和培训。CVET短期课程自2017年开始开发,于2019年首次推出。课程与雇主密切合作,专注于职业和专业能力,50%的课程在工作场所进行,另一半在学校进行,最多持续6个月。

**1. 工匠、领班和店长认证**

工匠、领班和店长职业文凭考试(mojstrski, delovodski in

poslovodni izpiti)是正规继续教育和培训的一部分,通过者可获得 EQF 4 级资格。它们分别由手工艺和小企业商会、工商会和斯洛文尼亚商会(TZS)组织进行。这可以帮助经验丰富的员工提升教育水平,从而能够胜任更高职位的工作。申请人必须具有特定的专业经验,必须具备以下某一个条件:

(1)受过职业高中教育(SPI)并具有三年相关工作经验;

(2)受过技术高中教育(SSI)并具有两年相关工作经验;

(3)受过高等职业教育(VSI)并具有一年相关工作经验。

通过考试后,申请人获得相应的工匠、领班或店长证书并达到技术高中教育水平(ISCED 354,EQF 4)。他们还可以报名参加高等职业教育课程或专业学士的课程。

**2. 在职员工的继续教育和培训**

斯洛文尼亚出台的《职业教育法》和《高等职业教育法》对在职员工的 CVET 有所规划,但涉及的规模有限。斯洛文尼亚共和国职业教育和培训学院(CPI)发布的《2017—2022 年 CVET 职业技能提升方案》,意在填补这一空白项目,其制订了新的正式 CVET 方案(最多 30 个学分)来提升、更新和发展毕业生的特定职业能力。CPI 设计了两种类型的 CVET 方案,学习者完成后可以达到 EQF 4 级和 5 级。

(1)技能提升方案:提高、扩大和更新职业能力。需要在相关领域和学习水平上完成 IVET 方案。

(2)培训方案:为个人提供 IVET 未能提供的专业知识和技能。①

截至 2021 年 5 月底,职业技术教育专家委员会通过了 6 项在高等职业教育领域提高 CVET 技能的方案,但这些方案尚未实施。

### (三)其他的职业培训

**1. 面向特定职业的资格认证培训计划**

在斯洛文尼亚,从事某些特殊活动和职业的人必须参加国家认可的

① Cedefop. National qualifications frameworks developments in Europe 2019. [EB/OL].(2021/1/19)[2022-1-23]. https://www.cedefop.europa.eu/files/4190_en.pdf.

培训课程并获得证书。一类课程是面向从事受管制活动的人员，帮助他们获得所需的证书，如驾驶证、潜水执照，以及成为志愿消防员或山地救援人员等的资格；另一类课程是面向从事特定工作的人员，帮助他们获得所需的证书，如消防员、游泳池救生员、职业司机、房地产经纪人、叉车司机等证书。这两种课程都有特定的预期学习目标和期末考试形式。大多数学校的学费都需要学生自费，一些公共服务部门由国家部分资助学费。

**2. 面向劳动力市场的培训**

斯洛文尼亚公共就业服务局（Zavod Republike Slovenije za Zaposlovanje，ZRSZ）实施积极的劳动力市场政策，与雇主合作设计了公共就业服务教育和培训课程。ZRSZ 确定雇主的需求，并与其合作制订培训方案，由雇主代表审查。2021 年，共向失业者提供了 151 门非正规职业教育和培训课程。这些课程旨在惠及以下群体：(1)50 岁以上的个人；(2)30 岁以上完成初等教育的人、长期失业者、在新冠肺炎疫情期间接受社会援助或登记为失业者的人。完成课程的受培训者会获得证书，证书可反映课程时长和获得的能力。虽然这不是正规教育或国家资格框架的一部分，但相关证书受到雇主的重视，并提高了学生的就业能力。

**3. 面向移民的培训**

斯洛文尼亚有不少移民，内政部（Ministrstvo za Notranje Zadeve，MNZ）负责移民的教育和培训，为移民提供了 180 小时教育方案，包括初始教育（60 小时）和继续教育（120 小时）模块。课程涵盖斯洛文尼亚语的基本交流和关于该国历史、文化和宪法秩序的基本信息。2016 年以来，ZRSZ 还提供短（90 小时）方案，帮助移民获得求职技能，了解斯洛文尼亚劳动力市场和就业法规。

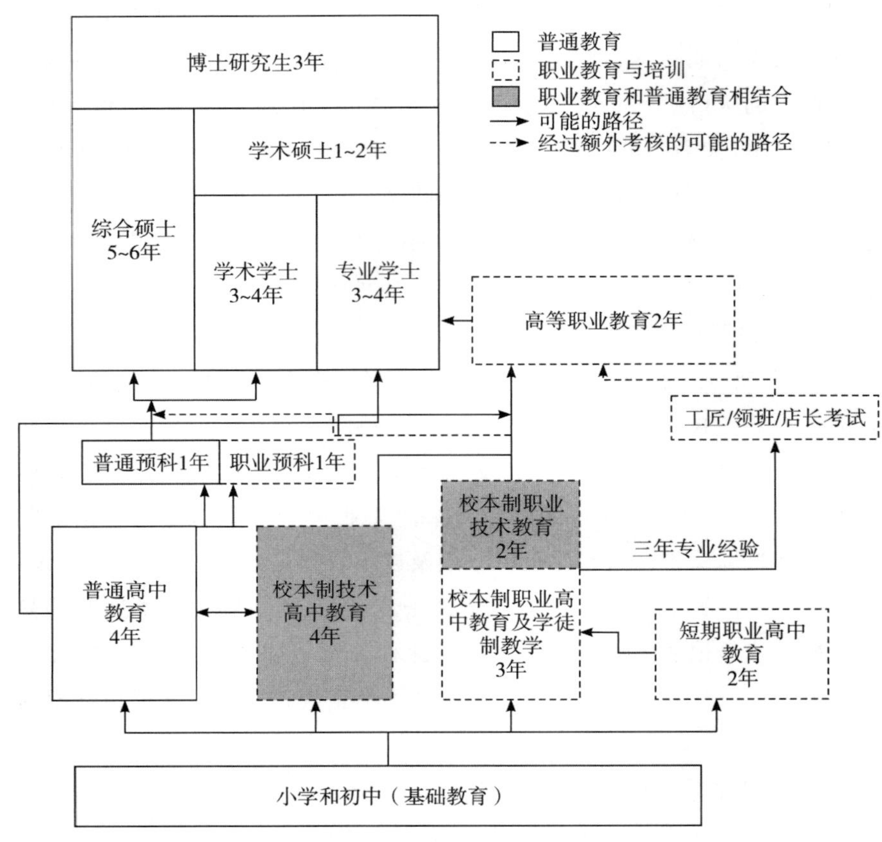


**图 7-1 斯洛文尼亚的职业教育与培训体系**

资料来源：Cedefop. Centre of the Republic of Slovenia for vocational education and training (2019). [EB/OL]. (2021-7-13) [2022-2-20]. https://www.cedefop.europa.eu/en/tools/vet-in-europe/systems/slovenia.

# 第三节 斯洛文尼亚职业教育管理与政策法规

斯洛文尼亚实施优质的职业教育与培训，在国家层面、学校层面和教师层面加强管理和规范，设置多个公共机构辅助职业教育事业发展；坚持欧盟倡导的职业教育发展战略，根据国情制定各类职业教育法律、政策、战略，引导斯洛文尼亚职业教育高质量发展。

## 一、职业教育管理

### （一）国家层面的管理

斯洛文尼亚实施职业教育国家集中管理体制，职业学校的成立、筹资以及教育计划编制都要国家层面决定和通过。教育部和劳工部共同负责制定法规、资助和采用职业教育和培训方案等工作，教育部管理高中和大学的职业教育和培训，劳工部负责社会培训、职业标准和国家职业资格认证，两个部与行业企业、其他政府公共机构合作密切。斯洛文尼亚共和国职业技术教育专家委员会决定职业和技术教育领域的专业问题，在制定和起草法规方面提供专业援助。

还有8个政府公共机构开展法规实施工作，辅助职业教育事业发展，做好质量监测和辅导的工作。这些公共机构受政府管理，政府通过任命治理机构的代表、提供公共资金、建立工资制度、采用中央课程等方式对相关机构进行控制。

(1)斯洛文尼亚共和国职业教育和培训学院(CPI)发挥着在实际层面支持与发展职业教育与培训的突出作用。CPI成立于1995年5月25日，由教育部、劳工部、工商会和手工艺商会共同组建，这意味着斯洛文尼亚职业教育理念逐渐成熟，即职业教育和培训必须基于社会伙伴关系，因此需要一个单独的机构来监督和促进斯洛文尼亚职业教育与培训的发展。CPI负责职业教育研究，监测和指导职业教育和培训的发展，并提供在职培训教师培训和职业教育和培训课程。CPI已成为各部委、雇主、商会、学校和其他国家及国际组织之间联系的纽带。

(2)国家教育学院负责高中职业教育与培训课程中普通科目的质量与发展。

(3)斯洛文尼亚成人教育研究所负责成人教育的质量评估，包括职业教育和培训提供者的质量发展和成人教育培训员的培训。

(4)国家考试中心负责实施与普通教育科目相关的职业课程，还在认证正规和非正规知识方面发挥作用，例如制定评估和认证国家职业资格的方法和程序。

(5)教育研究所是国家教育研究机构，执行国家项目并参与国际研发

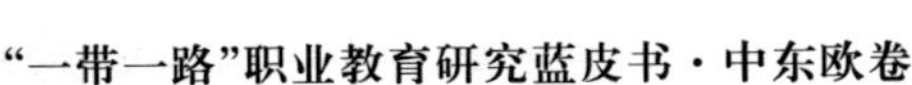


项目。

(6)斯洛文尼亚共和国流动中心和欧洲教育与培训中心主要负责欧盟范围内的人员流动和其他培训方案。

(7)国家教育领导学院负责校长的职前和在职培训,包括职业学校的校长。

(8)斯洛文尼亚高等教育质量保证机构负责高等职业教育学院的外部评估,确定它们是否符合认证或再认证标准。

斯洛文尼亚有普通教育专家委员会、高等教育专家委员会、职业技术教育专家委员会和成人教育专家委员会这4个专家委员会辅助和支持全国教育事业发展,其主席与成员都由政府从相关领域的知名专家中挑选和任命。职业技术教育专家委员会至少三分之一的成员是来自中等职业学校和高等职业学校的专业人员。其职责包括:确定职业或专业教育学科目录和考试目录;建立该领域职业标准;确定用人单位提供给中等职业教育的课程范围和内容;确定教育计划的实施组织;确定中期测试的内容;批准职业或专业教育领域教科书的使用;提出学校和学校车间设备的规范和标准等。成人教育专家委员会从质量和国际可比性的角度监测和评估本国成人教育的状况和发展,具体职责有以下这些:向主管部长提出成人教育计划;考虑并同意适合成人的教育计划;建立成人教育标准;批准成人教育教科书的使用;解决与成人教育系统的发展和运作相关的其他专业问题;等等。

### (二)学校层面的管理

斯洛文尼亚职业学校实施理事会制度,理事会由学校创始人、学校教职员工、家长和学生等代表组成,校长负责学校管理和教学指导。国家通过任命理事会代表并直接参与行政程序来参与职业学校的治理。虽然学校是国家集中管理,但教师享有专业自主权,班主任有权根据需要自行选择聘任教师,学校和教师在国家课程的实施设计和教学方法选择方面享有自主权。学校和企业合作开发IVET课程。

公立的中等职业学校和高等职业学校可以合并成一个学校中心。2020年,斯洛文尼亚共有101所中等职业学校,其中51所学校和29所高等职业学校组成了30所学校中心。虽然斯洛文尼亚有29所私立高等职业学校，但所有高中职业教育和培训学校以及学校中心都是公共机构。①学校或学校中心可以建立中等教育中心来提高 IVET 的基于工作岗位学习的质量，促进学校与当地经济的合作发展。

斯洛文尼亚在防止学生辍学的管理方面有一定的成效，在过去十年中，学生提前离开教育和培训的比例都低于 5%，2020 年达 4.1%，远低于 5%的国家标准和欧盟平均水平（2020 年为 10.2%）。为了防止学生过早离校，斯洛文尼亚采取了一些措施，能够发现有离校风险的学生，并向他们提供专家和学习援助。

### （三）教师管理

斯洛文尼亚职业学校教师包括普通学科教师、专业理论教师、实训教师和企业导师。对于不同类型的教师，有不同的标准和条件。

**表 7-1　中等职业教育教师要求**

| 实训教师 | 普通学科教师和专业理论教师 | 企业导师 |
| --- | --- | --- |
| 至少拥有技术高中教育和培训资格(EQF 4,ISCED 354)；<br>参加过一年的教育学培训；<br>通过国家专业考试；<br>有至少三年相关工作经验。 | 拥有硕士学位(EQF 7,ISCED 7)；<br>完成一年的教育学培训；<br>通过国家专业考试。 | 满足以下条件之一：<br>通过工匠、领班和店长职业文凭考试；<br>至少受过技术高中教育，有三年相关领域的工作经验，参加过专门为企业导师设计的教育学培训。 |

在高等职业学校中，有讲师和企业导师。讲师必须拥有相关硕士学位（ISCED 7）、三年工作经验以及相关的专业成就（如作为考试委员会成员的经历、开发一门教育课程或一本教科书）。教师受雇于学校，他们的工资由教育部支付。根据参加课程的学生人数，他们可以选择全职或者兼职。教师取得专业成长后可以申请三类职称，分别是 mentor、advisor 和 counsellor。

① Ministry of Education. Records of educational institutions and educational programs [EB/OL]. (2020-1-11) [2022-2-20]. https://paka3.mss.edus.si/registriweb/Default.aspx.

## 二、职业教育法规政策

斯洛文尼亚实施优质的职业教育与培训,将技能开发置于国家和国际发展议程的重要位置。斯洛文尼亚加入欧盟以来,坚持欧盟倡导的职业教育发展战略,响应欧洲职业培训发展中心的《实现职业教育与培训的现代化》,同时根据国情制定本国各类教育的发展战略和人才培养目标。

2019年教育部通过了《高等教育发展战略》,为更高层次的职业教育发展注入了新的动力。短期高等职业教育课程很好地融入了经济环境,并对其需求做出了回应。该战略强调将数字能力和绿色能力相结合的重要性,开发进一步的专业培训方案,对高等职业学校加大资金投入,拓展资金渠道,促进实践培训和职业指导高质量发展。

斯洛文尼亚重视终身教育,2021年通过了《斯洛文尼亚共和国2022—2030年国家成人教育计划》,希望斯洛文尼亚的成年人将有平等的机会和激励措施来获得高质量的教育,以促进他们的综合发展和可持续的生活。该计划涵盖了完成小学学习或至少15岁的人员的教育与培训。其追求的目标有以下这些:增加成年人对终身学习的参与;提高基本技能水平,改善成人通识教育;提高成年人的受教育水平;提高人力资源适应劳动力市场需求的能力;加强成人教育领域的发展和研究,并促进成人教育领域活动的改革与发展。

斯洛文尼亚在职业教育与培训领域的立法主要有《教育组织和资助法》《职业教育法》《高等职业教育法》《斯洛文尼亚资格框架法》《成人教育法》。

1996年颁布的《教育组织和资助法》明确了斯洛文尼亚共和国教育系统的目标,其中包括:在各级教育中进行选择;促进终身学习;向普通民众提供普通教育和职业培训;为尽可能多的人提供尽可能高的教育水平等等。该法对中等职业教育、高等职业教育和成人教育的教育管理和自主方式作了详细的规定,包括各级各类职业教育学校的主办者、课程、教师、理事会、经费等。[①] 2006年颁布的《职业教育法》规定了中等职业教育

---

① Ministry of Education. Educational organization and financing law [EB/OL]. (2009-8-28)[2022-1-5]. http://www.pisrs.si/Pis.web/pregledPredpisa?id=PRAV8607.

的相关内容。中等职业教育的任务是：提供国际水平的职业教育和继续教育的知识、技能；促进终身学习、职业规划和管理；培养独立的批判思维和责任感；维护和发展自己的文化传统并熟悉其他文化和文明；能够融入欧洲分工；等等。① 2004 年颁布的《高等职业教育法》规定了高等职业教育的学校、学制、管理、教师、课程等相关内容。② 2018 年颁布的《成人教育法》规定了成人教育领域的相关内容。③ 各法律在颁布后进行了多次修订。

2015 年颁布的《斯洛文尼亚资格框架法》从法律层面确立了斯洛文尼亚资格框架，确定了职业标准和国家职业资格目录的编制过程。其将斯洛文尼亚共和国的统一资格体系定义为斯洛文尼亚资格框架（SQF），并将通过教育、职业和附加资格获得的资格置于统一体系中，该框架由 10 个级别组成，并将在其中的学习与在欧洲资格框架（EQF）中的学习链接起来。④

**表 7-2 斯洛文尼亚国家资格框架**

| 资格类型 | SQF 级别 | EQF 级别 |
|---|---|---|
| 基础教育毕业证书（教育标准较低的基础教育）<br>完成 7 或 8 年级基础教育的证书 | 1 | 1 |
| 基础教育毕业证书（9 年）<br>国家职业资格（2 级） | 2 | 2 |
| 期末考试证书（短期职业高中教育）<br>国家职业资格（3 级） | 3 | 3 |

① Ministry of Education. Vocational education law [EB/OL].（2006-7-27）[2022-1-5].http://pisrs.si/Pis.web/pregledPredpisa? id=ZAKO4325.

② Ministry of Education. Higher vocational education law [EB/OL].（2004-8-5）[2022-1-5].http://pisrs.si/Pis.web/pregledPredpisa? id=ZAKO6692.

③ Ministry of Labour，Family，Social Affairs and Equal Opportunities. Adult education law [EB/OL].（2018-2-2）[2022-1-5]. http://pisrs. si/Pis. web/pregled Predpisa? id=ZAKO7641.

④ Ministry of Labour，Family，Social Affairs and Equal Opportunities. Slovenian qualifications framework law [EB/OL].（2015-12-28）[2022-1-5]. http://www.pisrs.si/Pis.web/pregledPredpisa? id=ZAKO6958.

续表

| 资格类型 | SQF 级别 | EQF 级别 |
| --- | --- | --- |
| 期末考试证书(职业高中教育,三年)<br>国家职业资格(4 级)<br>补充资格证书(SQF 4 级) | 4 | 4 |
| 职业考试证书(技术高中教育,四年)<br>普通考试证书(普通高中教育)<br>工匠、领班、店长考试证书<br>国家职业资格(5 级)<br>补充资格证书(SQF 5 级) | 5 | |
| 高等职业教育<br>“博洛尼亚进程”(Bologna Process)前的高等职业教育<br>国家职业资格(6 级)<br>补充资格证书(SQF 6 级) | 6 | 5 |
| 专业学士<br>学术学士<br>“博洛尼亚进程”前的专业高等教育<br>“博洛尼亚进程”前的短周期高等教育之后的专业化文凭<br>补充资格证书(SQF 7 级) | 7 | 6 |
| 硕士<br>“博洛尼亚进程”前的专业高等教育后的专业化文凭<br>“博洛尼亚进程”前的大学预科高等教育文凭<br>“博洛尼亚进程”前的高等教育文凭 | 8 | 7 |
| “博洛尼亚进程”前的研究生<br>理学硕士<br>“博洛尼亚进程”前的高等教育学历后的专业化文凭 | 9 | 8 |
| 博士 | 10 | |

资料来源:Cedefop. NQF country report Slovenia 2020[EB/OL].(2021-6-28)[2022-2-20]. https://www.cedefop.europa.eu/en/tools/nqfs-online-tool/countries/slovenia-2020.

# 第四节　斯洛文尼亚职业教育发展的特点、挑战与趋势

斯洛文尼亚职业教育的发展具有教育系统基础扎实、教育选择多样化、职业教育体系开放、人才培养国际化等特点，面对人口老龄化、经济转型和新冠肺炎疫情等挑战，斯洛文尼亚职业教育将增加技能预测，增加企业参与度，发展成人教育并推进职业教育数字化。

## 一、职业教育发展的特点

### （一）教育系统基础扎实

斯洛文尼亚基础教育表现良好。在国际教育测试（PISA测试）中，斯洛文尼亚学生表现相对优秀，学生的阅读、数学和科学能力均高于欧盟平均水平，数学和科学得分在欧洲名列前茅。成绩不佳的学生比例小（科学为14.6%，数学为16.4%，阅读为17.9%），低于欧盟平均水平。[①] "国际阅读素养进展研究"同"国际数学和科学评测趋势研究"都确定，与其他国家的同龄人相比，斯洛文尼亚小学生可谓技高一筹，四年级和八年级学生的科技、数学和文学的平均分数尤其优异，且科技和数学成绩进步相当显著。[②] 此外，斯洛文尼亚的中学辍学率（2020年4.1%）是欧盟国家中最低的，远低于欧盟平均水平（2020年为10.2%）。良好的基础教育和较低的辍学率体现了斯洛文尼亚教育系统基础的扎实性，为职业教育提供了一批稳定的素质较高的生源，为开展高质量的职业教育与培训打下良好基础。

---

① Cedefop.NQF country report Slovenia 2020[EB/OL].(2021-6-28)[2022-2-20]. https://www.cedefop.europa.eu/en/tools/nqfs-online-tool/countries/slovenia-2020.

② 侯晟，孙迎春.经济合作与发展组织经济调查：斯洛文尼亚2011[M].北京：国家行政学院出版社.2013:49.

### (二)教育选择多样化

在欧盟各国中,斯洛文尼亚接受中等职业教育和培训的学生(包括年轻人和成年人)比例最高(2019 年为 70.8%),斯洛文尼亚为学生提供了丰富的教育课程,特别是在职业教育领域。斯洛文尼亚职业教育与培训体系为学生提供横向和纵向的受教育机会,从初等教育毕业后,学生可根据自身的能力和需求选择短期职业高中教育、职业高中教育、技术高中教育,在高等职业教育与中等职业教育之间还有职业衔接课程帮助学生适应职业教育,这对人口总数只有 210 万左右的斯洛文尼亚来说已是非常丰富的教育选择。即使学生辍学,他们仍有机会作为成人参与者获得正规教育,那些选择不接受正规教育的人可以通过获得国家职业资格来认证他们的知识。斯洛文尼亚还提供大量的继续教育机会,如 2014 年劳工部设立了青年保障制度,为在斯洛文尼亚就业服务部门登记的 15～29 岁的任何人提供工作、正规教育或培训机会。①

### (三)职业教育体系的开放性

斯洛文尼亚职业教育和培训体系很少有"死胡同",因为职业教育系统有较强的开放性和渗透性。在每一级教育之后,教育体系都为学生提供了纵向发展到高等教育的途径。教育体系还允许"试错",即学生若在学习过程中发现自己不适合目前这类教育,还有机会选择另一种教育类型,因为它允许职业教育和普通教育之间的横向流动。虽然从职业教育过渡到普通教育的机会较少,但也并没有消除向普通教育(包括高等教育)过渡的可能性。此外,教育体系内所有专业领域都提供职业和技术课程,所有职业教育和培训课程都将普通科目与职业模块相结合,将理论和实践学习相结合。学校在各教育阶段都进行职业规划指导,《教育组织和资助法》规定,每个幼儿园和学校都需要为学生、教师和家长提供咨询服务。这在学生对未来的学校教育做出决定时发挥了重要作用。中等教育咨询也侧重为过渡到下一阶段的学生提供指导,且配备了学校辅导员开展更细致的指导。调查显示,斯洛文尼亚的职业教育吸引力略有增加,

---

① OECD. Education at a glance 2021[EB/OL].(2021-9-16)[2022-1-23]. https://doi.org/10.1787/e7ee86cb-en.

2017年职业教育学生占比为70.4%。[①]

### (四)人才培养国际化

斯洛文尼亚重视毕业生在国际市场上的流动性和适应性。斯洛文尼亚加入欧盟以来,坚持欧盟倡导的职业教育发展战略,注重培养学生面向国际社会的能力。斯洛文尼亚从职业教育质量、人才培养目标等方面对标国际职业教育。《职业教育法》提出要提供国际水平的专业和继续职业教育所需的知识、技能,维护和发展自己的文化传统并熟悉其他文化和文明,能够融入欧洲分工等。《高等职业教育法》提出要提供国际水平的工作和继续职业教育所需的知识、技能,培养欧洲文化历史的意识,从而实现国际融合等。《成人教育法》提出要达到国家规定和国际可比的教育标准。斯洛文尼亚国家资格框架的建立将职业资格与欧洲资格框架链接起来,使在斯洛文尼亚的学习成果能在国际范围得到认可,为人才培养国际化提供了保障。为了给职业教育与培训发展提供机遇,打开世界窗口,斯洛文尼亚共和国职业教育和培训学院积极参与国际合作,如学习国外优秀的职业教育与培训实践成果、与国外同类机构建立联系、援助发展中国家、支持学生参与欧洲技能大赛(EuroSkills)等。

## 二、职业教育发展的挑战

### (一)人口老龄化的挑战

2020年斯洛文尼亚人口增长率约1.6%,老龄化逐渐加剧,老年抚养比预计将从2020年的31%增加到2070年的54%。2021年,斯洛文尼亚的老年抚养比为32%,相当于欧盟的平均水平,0～14岁人口比例为15.1%,而65岁及以上年龄组人口比例为20.7%。随着战后一代人开始退休,以及20世纪90年代初人口数量较少的一代进入劳动力市场,老

① Cedefop. Centre of the Republic of Slovenia for vocational education and training(2019)[EB/OL].(2021-7-13)[2022-2-20]. https://www.cedefop.europa.eu/en/tools/vet-in-europe/systems/slovenia

年抚养比首次出现上升,这将成为长期的人口挑战。① 职业教育与培训领域的参与人数也可能受到影响。劳动力数量的下降对经济社会发展造成一定影响,而人口老龄化要求社会高质量发展以应对日益增加的社会养老压力。数量的下降要求质量的提高,劳动力职业技能的提高成为未来职业教育发展的一大挑战。

### (二)经济转型的挑战

斯洛文尼亚的经济属于高度外向型经济,出口是拉动增长的重要力量,出口主要包括汽车、电气设备、医药产品和制剂、机械设备和基础金属的制造,制造业是斯洛文尼亚的传统产业和优势产业。2020 年,斯洛文尼亚农业、工业和服务业增加值占 GDP 的比重分别为 2%、29.1%和 68.9%,农业、工业和服务业就业人口占就业总人口的比重分别为 4.28%、34.1%、61.61%。服务业增加值的占比和就业人口的占比,无疑表明该国已经开始向后工业发展阶段过渡。在经济转型背景下,职业教育与培训也必须加快改革,加强与产业、行业、企业的合作,对专业设置、课程教材等做出相应的调整,培养后工业发展阶段所需的高素质技能人才。

### (三)数字化转型的挑战

数字化正引领世界教育变革新风向。新冠疫情对斯洛文尼亚职业教育与培训活动的开展造成了较大的影响,对其职业教育数字化转型也提出了更高要求。在 2019 年第二季度至 2020 年第二季度期间(大部分国家第一波新冠肺炎疫情高峰期即出现在这个时间段),斯洛文尼亚成人参加正规和非正规教育和培训的比例下降了 55%,远高于经合组织的平均下降率(−27%)。从 2020 年 1 月 1 日至 2021 年 5 月 20 日,斯洛文尼亚高中平均停课 118 天,线下教学难以进行,对职业教育质量保障提出了挑战。② 2020 年 7 月,斯洛文尼亚教育研究所疫情期间远程教育调研结果

---

① Cedefop. Centre of the Republic of Slovenia for vocational education and training(2019)[EB/OL].(2021-7-13)[2022-2-20]. https://www.cedefop.europa.eu/en/tools/vet-in-europe/systems/slovenia.

② OECD. Education at a glance 2021[EB/OL].(2021-9-16)[2022-1-23]. https://doi.org/10.1787/e7ee86cb-en.

显示，老师们认为远程教学要求很高且压力很大，但他们设法实现了既定目标。大约60%的教师认为远程教学的质量有所下降，而10%的教师认为质量下降了很多。① 这要求斯洛文尼亚要加快职业教育数字化转型，完善数字化教学基础设施，改革传统的教学模式，提高教师数字化教育教学能力。

## 三、职业教育发展趋势

### （一）增强技能预测

面对人口老龄化、经济转型和新冠肺炎疫情等挑战，斯洛文尼亚加强技能预测，促进劳动力市场技能供需协调发展。监控和预测技能需求与供给的重要性得到广泛认可，在过去几年中，斯洛文尼亚在长期和短期能力预测方面投入了大量精力，主要形式有：收集分析人员空缺的行业和失业相关数据；开展雇主调查；国际范围的技能预测；与主要利益相关者代表对话。劳工部和教育部在关键技能预测活动中发挥核心作用，有许多正在进行的与技能预测有关的项目。其中，2021年，劳工部开发了技能预测平台项目，平台由欧洲社会基金共同资助。该平台将成为支持劳动力市场技能供需匹配的系统工具。此项目的目标是：根据当前的方法和工具升级短期能力和职业预测（最长1年）；制定中期（3～5年）和长期（10年）预测方法；帮助主要利益相关者（例如教育提供者、商会）开展机构合作，以进一步开发、使用和扩展平台。该平台的长期影响预计将使劳动力市场供需更加协调，减少结构性差异，以及提高斯洛文尼亚人口的技能水平。②

### （二）增加企业的参与度

2006年，斯洛文尼亚由于学生兴趣低下而取消了学徒制，企业对职

---

① Cedefop. Slovenia: evaluation of distance education and training[EB/OL]. (2021-10-12) [2022-4-5]. https://www.cedefop.europa.eu/en/news/slovenia-evaluation-distance-education-and-training#group-links.

② Cedefop. Slovenia: new skills forecasting platform[EB/OL]. (2022-2-7) [2022-4-5]. https://www.cedefop.europa.eu/en/news/slovenia-new-skills-forecasting-platform.

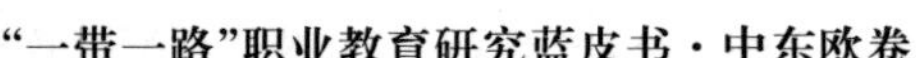


业教育的参与减少,学生基于工作岗位的学习质量不高。因此,在 2017 年,斯洛文尼亚重新引入了学徒制,通过了新《学徒法》。第一年大约 50 名学徒参加了 4 个项目,每年都会增加新课程,现已有 14 门课程可供选择。斯洛文尼亚共和国职业教育和培训学院对新学徒制持续开展调研评估,2021 年的最终评估报告表明学徒制在斯洛文尼亚具有前景,大部分关键参与者都感到满意。评估报告提出,必须加强社会伙伴的作用,尤其是企业的作用;改变只有教育部负责发展职业教育与培训的传统观念,发挥企业和行业协会作用。①

### (三)发展成人教育

斯洛文尼亚的人口正在老龄化,技术变革则使大约 26%的工人面临着被自动化工作淘汰的高风险,提高成年人技能水平的重要性越来越大。过去十年,斯洛文尼亚成人参与终身学习的比例大幅下降,2020 年仅 8.4%,远低于经合组织国家平均水平(14%)。② 2021 年,斯洛文尼亚通过了有关 2022—2030 年国家成人教育计划的决议,旨在使斯洛文尼亚的成年人有平等的机会和激励措施来获得高质量的学习和教育,以促进他们的综合发展和可持续的生活,提高人口应对劳动力市场需求的能力。斯洛文尼亚计划于 2030 年实现 19%的成人参与终身学习的目标,为此,其积极采取措施,开发新项目,促进成人的参与积极性。2021 年,斯洛文尼亚为就业毕业生(SQF 4、5 和 6)制订了新的继续职业教育和培训计划,旨在提高就业毕业生的技能,更新和发展特定职业能力,以提高斯洛文尼亚经济(主要是中小型企业)的竞争力,更好地适应劳动力市场技能供需。

### (四)推进职业教育数字化

斯洛文尼亚高度认识到数字能力的重要性,社会数字化和数字能力

① Cedefop.Slovenia: final evaluation of the new apprenticeship system[EB/OL].(2022-2-9)[2022-4-5].https://www.cedefop.europa.eu/en/news/slovenia-final-evaluation-new-apprenticeship-system.

② Cedefop. Centre of the Republic of Slovenia for vocational education and training(2019). [EB/OL].(2021-7-13)[2022-2-20].https://www.cedefop.europa.eu/en/tools/vet-in-europe/systems/slovenia.

被认为是国家经济发展和竞争力的关键，是信息时代和实现工业 4.0 所必需的。新冠肺炎疫情的暴发加速了数字教育的发展。目前，数字技能已融入斯洛文尼亚学校教育，15 至 64 岁年龄组人口的基本数字技能水平为 55%，接近 2019 年欧盟平均水平(58%)。① 斯洛文尼亚开展了许多项目，将数字能力纳入学校系统，包括职业教育和培训系统。如电子学校项目对教师和其他职业教育和培训专业人员进行培训，以便使其全面获得数字化教学能力。教育研究所建立了信息教育系统门户网站②支持教育工作者、教师和校长在数字化教学领域的专业发展，并将数字框架和自我评估问卷翻译成斯洛文尼亚语，以鼓励所有学校提升数字教育质量。③

---

① Cedefop. Spotlight on VET Slovenia [EB/OL]. (2022-2-28) [2022-4-6]. http://data.europa.eu/doi/10.2801/698020.

② https://www.zrss.si/iekosistem/.

③ M. Hergan, M. Šlander. Vocational education and training for the future of work: Slovenia.[EB/OL]. (2020-6-4)[2022-4-28]. http://libserver.cedefop.europa.eu/vetelib/2020/vocational_education_training_future_work_Slovenia_Cedefop_ReferNet.pdf.

# 第八章　拉脱维亚职业教育

拉脱维亚共和国，简称拉脱维亚，首都里加，作为波罗的海国家的中心地带，既是历史上欧洲各国贸易和文化交流中心，也是如今拉脱维亚的经济、文化中心，素有"波罗的海跳动的心脏"和"北方巴黎"之称。[①] 拉脱维亚于10世纪建立早期的封建公国，在之后的漫漫岁月中，几经外敌入侵和民族融汇，逐渐演变为具有多元民族特色与文化多样性的国度。

就拉脱维亚职业教育与培训（VET）而言，主要包括学校职业教育和成人学习计划，大多数职业教育与培训活动由内阁统筹，教育和科学部负责，文化部、福利部及经济部等承担职能范围的各类活动，还有部分职业教育机构由地方政府和私营部门建立，或从国家那里接管。就学校职业教育来说，分为基础职业教育、中等职业教育、专业高等教育[一级专业高等教育、二级专业高等（大学）教育]，职业教育机构有公立的，也有私立的，含普通中学、职业学校、职业大学、综合大学或学院等；就成人学习计划来说，涵盖继续职业教育、专业发展计划及其他形式学习，一般采取正规和非正规教育，类型有全日制、非全日制和校外学习。此外，与工作相关的知识、技能和素养也可通过非正规学习（短期课程）或手工艺（学徒制）获得。实施机构有公立或私立职业教育培训机构、学徒培训班、企业主管的培训机构等。回顾拉脱维亚职业教育与培训演变过程，研究其职业教育与培训体系、治理机制、质量保障措施，探讨其职业教育与培训在智能化时代的现状、面临的挑战，进而剖析其发展趋势，是非常有价值的研究课题。

---

① 刘永辉；刘冬平.中国—中东欧贸易指数报告（2017）[M].北京：中国经济出社，2018：145。

# 第一节　历史嬗变与教育体系

拉脱维亚作为欧盟成员国，其教育属于欧洲教育体系，历史底蕴深厚，该国可以说是欧盟人均教育程度最高的国家之一。回顾拉脱维亚职业教育与培训演变过程，可发现其历经封建生产关系、市场经济主导、国家集中管理、内涵质量提升、可持续创新发展五个阶段；究其现行教育目标，从国家战略角度看，在"欧盟青年保障协议"[ESF(European Social Fund)项目]与"促进职业教育的兴趣和社会伙伴参与，确保职业教育质量"系列政策背景下，拉脱维亚政府致力于通过职业教育与培训提高人才竞争力，促进个体技能的适应性，保障就业，服务国家和地方经济发展，使教育朝国际化方向发展，持续构建、优化民主且具有包容力的多态化技能人才培育体系。

## 一、历史嬗变与立法政策

拉脱维亚职业教育的发轫，可溯源至1211年第一所圆顶教堂学校的建立，自此拉脱维亚职业教育不断发展，独立后，《教育法》的颁发确立了其地位，国家随后又出台系列政策法案予以改革，最终形成现行较完善的职业教育与培训体系。

### (一)发轫阶段(10世纪—1918年)：由封建生产关系向资产阶级市场化转变

10世纪，拉脱维亚建立早期的封建公国，出现封建生产关系。12世纪后期，生产发展使传统手工业从农业中逐渐分离，手工艺人需要招募帮工，下层人士为获一技之长去做学徒；至13世纪，东部地区形成国家，1211年拉脱维亚第一所圆顶教堂学校在修道院开设，以传授技艺为主；14—16世纪，学徒制依托行业控制，16世纪下半叶第一所儿童普通学校于里加建立，教儿童常识、手工操作；16世纪末至18世纪，俄国获得拉脱维亚大部分领土，这些地方由于长期和德国联系，受德国高等教育发展影

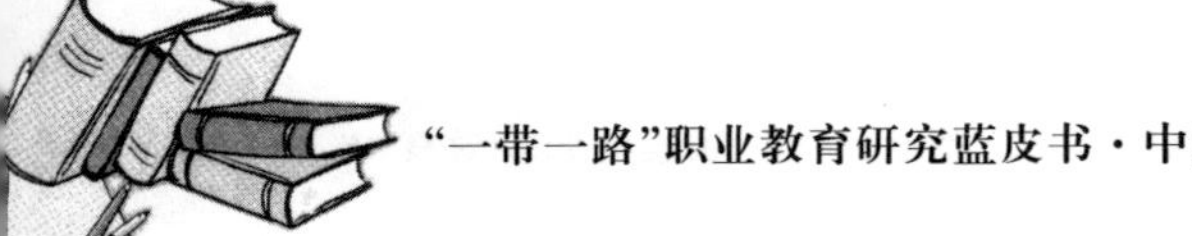



响,于1839—1840年建立教师学院,开展以拉脱维亚语为教学语言的教师教育;到19世纪下半叶,"拉脱维亚运动"兴起,倡导发展民族文化和语言,开办语言学校、教师神学院和理工学院。据1897年人口普查数据,拉脱维亚79.7%的公民能读写;到20世纪初,其已成俄罗斯帝国资本主义经济最发达的地区。① 但从二月革命开始至1918年期间,由于战乱、分裂,教育发展近乎停滞。总之,该阶段其教育事业虽跌宕起伏,但实现了由封建私人性质教育向资产阶级市场化教育的转变,职业教育以学徒制、工作教育为主,不成体系。

### (二)形成阶段(1918年—1991年):由市场经济主导向社会主义性质转变

从1918年直至二战后,拉脱维亚的教育逐渐成为苏联教育的一部分。苏联时期的学校教育主要包括基础、普通和专业学校教育。根据1938年《苏联年鉴》,基础学校每百名学生中有22名为拉脱维亚人,14名为波兰人,9名为德国人和犹太人,且中等教育范畴的个别文法学校,学生每年需支付200230卢布,职业教育开始由国家管理。② 20世纪70年代,拉脱维亚教育完成向普通中等教育的过渡,其中,培养儿童技术和艺术创造力的课外机构得到发展,职业教育作为促进公民就业的制度,虽处于青黄不接的状态,但形式多样,含职校、工人夜校、培训机构及协会组织等,就读形式分为全日制、半日制或夜读等。到80年代末,90%的学生接受了普通中等教育,但职业教育仍处于教育的边缘。③ 总之,1991年前,其教育遵循苏联立法和意识形态。

---

① Wolfgang Hörner, Hans Döbert, Lutz R. Reuter, Botho Kopp. The education systems of Europe, global education systems[M]. Switzerland: Springer International Publishing, 2015: 438.

② K.V. Choumskaia. System of national education in latvia during democracy 1920—1934 [J]. 5th Korea-Russia International Symposium on Science and Technology, 2001(6): 317.

③ Wolfgang Hörner, Hans Döbert, Lutz R. Reuter, Botho Kopp. The education systems of Europe, global education systems[M]. Switzerland: Springer International Publis hing, 2015: 438.

### (三)发展阶段(1991 年—1996 年):由国家集中管理向多元化教育秩序转变

1991 年以来,拉脱维亚作为独立国家,教育按西方模式改革。由于迅速进行的政治和经济转型造成工农业崩溃,改革的财政不足,这使得该进程复杂化并减缓,甚至曾经一定程度跌至原点。1991—1995 年为第一阶段改革,1991 年通过的《教育法》确保了各类教育的法律基础;1995 年,内阁又批准《拉脱维亚教育构想》,同年 11 月通过《高等教育法》,为相关机构的运作确立了自主性。经过改革,新的教育秩序的运行使拉脱维亚职业教育与培训最大化地服务本国经济发展,呈以下态势:一是改变国家包办教育供应的状况,保障依法建立的私营和非政府组织教育机构的权利,加强教育机构间的竞争。二是教育管理权力下放,一些关键的决策职能转移到地方政府和学校。① 总之,该时期从苏联模式教育过渡到西方模式教育是基于教育范式的改变,在这个过程中,职业教育体系化的雏形得以初步形成,管理也向正规化发展。

### (四)完善阶段(1996 年—2001 年):由横向扩大规模向内涵式质量提升转变

职业教育的完善是从 1996 年开始的,1996—2001 年,在"民主化"思潮指导下,拉脱维亚通过法律制度建立起了教育保障机制,1996—1999 年,形成第二代法律基础。1998 年拉脱维亚修正《教育法》,将其作为主要教育部门相互联系的依据,1999 年通过的《职业教育法》,确立了职业教育的法律基础,明确了职业教育的类型和管理机制等,《高等教育机构法》规范了高校与其他国家机构的合作。《普通基础教育和中等教育标准》强调职业教育要根据劳动力市场竞争力和国民经济发展质量来进行发展,确保终身教育机会,全方位对教育各阶段开展评估;《1998—2003 年教育发展战略》也确定四个方向:提高质量、资源利用、保障获得教育、

---

① Kangro Andris, James David. Rapid reform and unfinished business: the development of education in independent Latvia1991—2007 [J]. European Journal of Education, 2008(4):547-561.

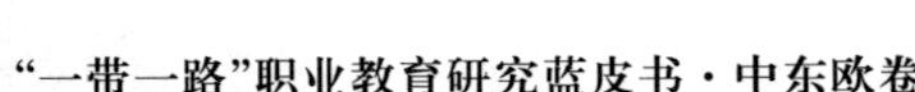


体制发展。[①] 总之,从 1995 年到 2001 年,系列法案使职业教育得以建立体系,并与欧洲乃至全球教育保持一致。但也在以下方面缺乏经验:(1)如何解决社会成员接受教育受家庭收入限制的问题;(2)如何在诚信协调机构间进行管理创新;(3)如何有针对性地发展教育系统的优先事项;(4)如何保证各教育机构提供服务资源;(5)政治变革初期,如何借鉴先前经验提升质量。

### (五)深化阶段(2002 年—):教育管理不断扩展,向国际化创新形式转变

由于拉脱维亚政府认为国家发展取决于公民在欧洲共同经济领域为职业和自由竞争所做的准备,故从 2002 年起,在原有体制上深化改革,加快教育同世界接轨。[②]《教育发展概念》(2002—2005 年)为系统发展的第三阶段奠定基础。它保留了 1998 年教育战略的目标,注重在职业教育方面深化决策者、地方政府、教育机构、公众、学校、家长及雇主间的合作;实施共同教育质量监测、标准和评估制度。《2007—2013 年教育发展基本准则》以此为基础,强调提高学习者获得的生活技能质量,扩大所有地区不同群体的教育机会,加强教育管理能力。到 2009 年,政府通过关于提高职业教育与培训社会伙伴参与的指导政策,完善职业教育与培训项目,实施部门资格框架。2015 年拉脱维亚在担任欧盟理事会主席国期间的优先事项之一也是提高职业教育竞争力,创造就业机会,到 2020 年实现职业教育的长期目标。目前在推行学徒制情况下,为强化年轻人在教育机构与企业学习的机会,拉脱维亚政府鼓励利益攸关方开展协作,走向国际,强调将提高职业教育质量视作对未来的投资而非支出。

## 二、职业教育与培训体系框架

拉脱维亚资格框架(LQF),对接欧盟资格(EQF)框架,于 2010 年实施,共 8 个级别。

---

① OECD. Education policy outlook: Latvia[EB/OL]. (2021-11-22)[2022-02-27]. https://www.oecd-ilibrary.org/education/education-policy-outlook-2021_7dd56f52-en.

② 王岩.拉脱维亚教育改革:概况、特点及启示[J].成都师范学院学报,2013(4):29-33.

表 8-1　拉脱维亚资格框架(LQF)

| 基础教育 | | |
|---|---|---|
| 教育计划 | 资质 | LQF 级别 |
| 普通基础教育(特殊需要) | 普通基础教育证书(针对有严重智力发育障碍或有多种严重发育障碍的学习者的特殊教育计划) | 1 |
| | 普通基础教育证书(针对有智力发育障碍学习者的特殊教育计划) | 1 |
| 普通基础教育 | 普通基础教育证书 | 2 |
| 职业基础教育 | 职业基础教育证书 | 2 |
| 职业继续教育 | 职业资格证书 | 2 |
| 中学教育 | | |
| 教育计划 | 资质 | LQF 级别 |
| 职业教育 | 职业教育证书 | 3 |
| 职业继续教育 | 职业资格证书 | 3 |
| 普通中等教育 | 普通中等教育证书 | 4 |
| 职业中等教育 | 中等职业教育文凭 | 4 |
| 职业继续教育 | 职业资格证书 | 4 |
| 高等教育 | | |
| 教育计划 | 资质 | LQF 级别 |
| 一级专业高等教育水平(大专) | 一级专业高等教育文凭 | 5 |
| 本科学习 | 学士文凭 | 6 |
| 二级专业高等教育(专业学士、专业高等教育) | 专业学士学位 | 6 |
| | 专业高等教育文凭 | 6 |
| 硕士课程 | 硕士文凭 | 7 |
| 二级专业高等教育(专业硕士、专业高等教育) | 专业硕士文凭 | 7 |
| | 专业高等教育文凭 | 7 |
| 博士研究 | 博士文凭 | 8 |

资料来源：Latvian Qualifications Database. Education levels in Latvian qualification framework [EB/OL]. (2021-11-22) [2022-02-27]. https://www.latvijaskvalifikacijas.lv/en/educational-system/?doing_wp_cron=1629618382.5609459877014160156250.

## （一）学校职业教育

拉脱维亚教育体系包括学前教育、基础教育、中等教育和高等教育。就学校职业教育来说，按国际教育标准分类，可将其实施机构对应到第2～8级，即基础职业教育、中等职业教育和专业高等教育[一级专业高等教育、二级专业高等（大学）教育]。根据《职业教育法》和相应条例，《2014—2020年教育发展指南》设定了政策优先事项——制定职业标准、模块化职业教育和学徒制。2017年以来，职业教育和职业资格证书包括相关的LQF水平。总之，不同学历与类型的职业教育机构相互衔接，形成规模庞大、纵横贯通的现代职业教育体系。

**1. 基础教育阶段的职业教育与培训(LQF 2)**

该阶段学习者通过职业基础教育、职业继续教育获LQF第2级资格。其一，职业基础教育（2～3年）由中等职业学校提供。学生须满5岁，且经成绩单证明已完成部分或全部普通基础教育。特殊教育机构则为有发育或精神障碍的学习者提供1年的职业基础教育。其二，职业继续教育（课时至少480小时）由成人职业教育机构提供，对学习者的先前教育没有限制。完成后，前者获职业基础教育证书（具有职业资格），可进入中等教育；后者仅获职业资格证书。①

**2. 中等教育阶段的职业教育(LQF 3～4)**

该阶段学习者通过基础教育后职业教育、中等职业教育、中等教育后职业继续教育获LQF第3或第4级资格。

LQF第3级包括以下几类：其一，基础教育后职业教育（1年）。由中等职业学校、学院提供，针对17～29岁的年轻人。采用接触学习，也可以学徒制实施，有些课程以兼职形式提供，短期课程结束后，学习者可获3级职业资格证书，直接就业。其二，完成部分基础教育后，学习者再进行为期3年的职业教育，则允许从事符合规定的职业。这一教育由中等职业学校、学院提供，课程结束后，学习者获基础教育证书（具有职业资格），既可融入劳动力市场，也可继续接受中等教育。其三，提供部分普通中等教育和职业教育（3年）。由中等职业学校、学院提供，课程结束后，学习者获职业教育证书（具有职业资格），该资格的获得者须完成一年普通中

① Latvian Qualifications Database.Basic education stage (LQF levels 1-2)[EB/OL].(2021-03-18)[2022-03-20].https://www.latvijaskvalifikacijas.lv/en/educational-system/? doing_wp_cron=1629618382.5609459877014160156250.

等教育的过渡学习，才能进入高等教育。此外，从 15 岁开始，接受部分或全部基础教育的人可在成人职业继续教育机构、成人教育部门或职业和高等教育机构设立的单位参加职业继续教育（至少 480 或 640 小时），结业后，获职业资格证书，不能继续接受中等教育。①

LQF 第 4 级包括以下几类：其一是中等职业教育（4 年）与短期中等职业教育（1.5 年），都由中等职业学校、学院提供，针对 17～29 岁的年轻人，可以学徒制方式实施，也含非全日制或远程学习。前者提供普通中等教育和职业教育，后者提供职业教育，二者的学习者结业后，均获中等职业教育文凭（具有职业资格），可继续接受高等教育。其二是中等教育后的职业继续教育，课程时长至少 960 小时。由成人职业继续教育机构、成人教育部门或职业和高等教育机构设立的单位提供，完成后学习者获职业资格证书，不能进入高等教育。其三是职业中等教育（1 年）（完成基础教育后的 3 年内）。由职业中学和夜班中学提供，课程完成后，学习者获普通中学学历证书，可进入高等教育。此外，普通学习科目是必修部分，占 60%，毕业生须参加以下国家统一考试：拉脱维亚语、数学、外语和学生选择的一个科目。②

**3. 高等教育阶段的职业教育（LQF 5～8）**

高等教育分为学术性的（获得学位）和专业性的（获得学位或专业资格）。超过 2/3 的高等教育学生在专业高等教育学习，可从 5 级到 8 级连续升级。2018 年，引入艺术专业博士学位。该阶段教育还包括学院可在 5～8 各级提供全日制、非全日制和远程学习。

LQF 第 5 级为一级专业高等教育资格，在中学后获得，全日制学习 2～3年，修满 120～180 学分。③

LQF 第 6 级含学士学位课程和三类二级专业高等教育。其一，学术

---

① Latvian Qualifications Database. Secondary education (LQF level 3-4)[EB/OL].(2021-04-14)[2022-03-20].https://www.latvijaskvalifikacijas.lv/en/educational-system/? doing_wp_cron=1629618382.5609459877014160156250.

② Latvian Qualifications Database. Higher education(LQF levels 5-8)[EB/OL].(2012-05-22)[2022-03-20]. https://www. latvijaskvalifikacijas. lv/en/educational-system/? doing_wp_cron=1629618382.5609459877014160156250.

③ Latvian Qualifications Database. Higher education(LQF levels 5-8)[EB/OL].(2012-05-22)[2022-03-25]. https://www. latvijaskvalifikacijas. lv/en/educational-system/? doing_wp_cron=1629618382.5609459877014160156250.

学士学位，全日制学习3～4年，修满180～240学分，须先接受中学教育。学习者结业后获学士学位证书，可在学术硕士、专业硕士或第二级最高专业教育课程继续学习或就业。其二，三类二级专业高等教育：(1)全日制学习至少4年，修满240学分，学习者获专业学士学位文凭、高等专业资格文凭或专业高等教育文凭，可继续攻读硕士学位或就业；(2)全日制学习1～2年，修满60～120学分，可作为大学继续教育；(3)全日制学习1年，至少修满60学分。后两类的学习者仅可获专业高等教育文凭或高等专业资格文凭，但最后一类还可获得其他专业的高等教育专业资格。

LQF第7级为学术硕士课程和两类二级专业高等教育。其一，学术硕士课程(全日制学习1～2年，至少修满60学分)是在学士学位课程或专业高等教育完成后开始的，学习者可获硕士文凭。其二，两类二级专业高等教育。(1)专业硕士课程(全日制学习至少1年，至少修满60学分)；(2)全日制学习至少5年，至少修满300学分。前者在学士学位课程或专业高等教育后学习，后者在中学教育后进行，课程结业，学习者均获专业硕士文凭和高等专业资格文凭，后者的学习者可继续攻读博士学位。

LQF第8级为博士资格。博士课程(全日制学习3～4年)在获LQF 7级资格后开始。博士研究在学术专业的相同或类似领域继续，学习者通过考试和博士论文后，获博士文凭。

### (二)成人学习计划

成人学习涵盖继续职业教育和专业发展计划，已纳入拉脱维亚教育系统分类，参考表8-2：

**表8-2　继续职业教育和专业发展计划的分类**

| 项目 | 教育阶段 | LQF/EQF级别 | 国际教育标准分类(2011) |
|---|---|---|---|
| 继续职业教育(480小时) | 基础 | 2 | 251 |
| (非全日制)完成基础教育后的继续职业教育(480小时或以上) | | 3 | 351 |
| (非全日制)完成基础教育后的专业发展 | | 2 | 351 |

续表

| 项目 | 教育阶段 | LQF/EQF 级别 | 国际教育标准分类(2011) |
| --- | --- | --- | --- |
| 完成中等教育后的继续职业教育(640 小时或以上) | 中等 | 3 或 4 | 453 |
| 完成中等教育后的专业发展 | | 4 | 451 |

资料来源:Cedefop, Ministry of Education and Science. Vocational education and training in Europe-Latvia: system description [From Cedefop, ReferNet. Vocational education and training in Europe database][EB/OL].(2021-09-01)[2022-02-27]. https://www.cedefop.europa.eu/en/tools/vetin-europe/systems/latvia-u2.

### 1. 继续职业教育

继续职业教育使有过教育/工作经验的成年人获得职业资格,和基础职业教育具有相同的法律制度和治理机制,学生根据政府批准的程序参加最终资格考试,考试由教育提供者与国家教育中心(VISC)协作组织,确保毕业生具备某一职业所需的知识、技能和素养,社会伙伴参与成绩评估。考试至少 30%的内容须以国家职业教育标准、职业标准为基础,以学习成果为目标,合格者获 2~4 级职业资格证书。通过对先前学习的考查后,毕业生可进入劳动力市场。①

国家认可的专业方可开设课程,具体要求为:(1)"接受中等职业教育、获得 4 级职业资格的学员个体,最短时长为 280 小时,视领域而定";(2)"未获 3 级职业资格的学员个体,最短时长为 480 或 640 小时,视领域而定";(3)"未获 2 级专业资格的学员个体,最短时长为 480 小时"。②

所有继续职业教育机构(480 小时或以上)必须获得国家教育质量服务局的许可,才具备提供全日制、非全日制及校外学习的资格。职校也被鼓励提供继续教育。提供者与国家就业局(NVA)合作,通过由 28 个地区办事处组成的网格为失业者提供培训,自 2017 年起,其还与国家教育

① Cabinet of Ministers. Noteikumi par valsts profesionālās vidējās izglītības standartu un valsts arodizglītības standartu [EB/OL].(2020-06-30)[2022-02-27]. http://likumi.lv/doc.php? id=8533.

② Cedefop, Ministry of Education and Science. Vocational education and training in Europe-Latvia: system description[EB/OL].(2021-09-01)[2022-02-27]. https://www.cedefop.europa.eu/en/tools/vetin-europe/systems/latvia-u2.

发展局(VIAA)合作,为就业者提供培训。

**2. 专业发展计划**

通过专业发展计划(至少 160 小时),学习者不管年龄、先前教育还是专业资格如何,都能接受符合劳动力市场要求的系统化专业知识和技能训练,不影响正式资格。培训提供者须得到国家教育质量服务局的认证,获得专业发展教育证书。自 2017 年起,欧洲社会基金(ESF)为就业者提供专业发展方案,财政方面由 ESF 与国家预算共同出资。①

### (三)其他形式的培训

**1. 非正规学习**

拉脱维亚政府也设立非正规教育,由职业教育机构、大学继续教育及远程学习中心、商会协会、成人教育中心等提供,地方政府负责对辖区的此类机构给予资金支持。非正规学习(159 小时或更少)提供者须从地方获得许可证,但公共机构可在没许可证情况下提供课程,教育提供者根据企业需求提供特定的技术技能培训,教师可由教育机构雇用,也可由雇主签约。一般来说,中小企业没有这样的机会,主要是大型企业为增聘的员工或内部的工作轮换提供岗位培训。学习者则需要提交职业能力评估申请,通过职业资格考试,获相应证书。②

**2. 学徒制**

学徒制自 1992 年来就已存在,但规模小。根据《手工艺法》,手工艺学徒指加入手工艺公司或教育机构并签署培训合同的人,手工艺不在国家教育分类之列,但国家设定了学徒规范和授予工匠资格的程序,年轻人不管以前受过什么教育,均可参加相关课程学习,但不得早于 16 岁(除非父母或监护人许可)。通常从第二年开始,学徒可从手工艺师傅或公司那里获得报酬,其资格不能进入受监管的职业与正规教育系统。目前,对未完成相关课程学习的学徒,无重返社会教育的机制。学徒制包括学校和

① Cedefop,Ministry of Education and Science.Vocational education and training in Europe-Latvia: system description[EB/OL].(2021-09-01)[2022-02-27].https://www.cedefop.europa.eu/en/tools/vetin-europe/systems/latvia-u2.

② Cedefop,Ministry of Education and Science.Vocational education and training in Europe-Latvia: system description[EB/OL].(2021-09-01)[2022-02-27].https://www.cedefop.europa.eu/en/tools/vetin-europe/systems/latvia-u2.

企业的学习，由手工艺商会组织熟练工和手工艺硕士考试，其与提供理论知识的职校签署合作协议。不过校企学习比例没有明确规定，一般来说，商会监督培训，在其数据库中登记工匠、熟练工和学徒、手工艺公司和大师讲习班情况，颁发许可证。①

熟练工和手工艺硕士资格通过学徒制获得，候选人须是手工艺商会的行业或地区工艺协会成员。其中，获得熟练工资格的学习包括理论和实践两部分，需要参加工匠大师考试（熟练工和手工艺硕士资格获得方式），候选人须在该领域有八年工作经验；工匠大师候选人为期两个月的理论课程由手工艺商会提供，具备相关高等教育资格的工匠大师被视为受过学术教育的工艺大师。手工艺学徒须参加由手工艺商会提供的手工艺教育课程，课程由相关协会设计并经手工艺商会理事会批准，课程时间由行业协会设定，一般三年。②

为使职业教育更适应劳动力市场需求，教育和科学部设计了新学徒制，并与德国联邦教育和研究部签署欧洲职业教育与培训合作备忘录。2013 年，6 个职业教育机构开始提供新计划，包括根据职业特点制定灵活的课程以及校企合作改进职业教育和培训的理论教学和实践责任，并向学生支付津贴。与 2013—2014 年度比，2014—2015 年度申请学徒制项目的学校数量增加 4 倍，企业数量增加 6 倍，学徒制成为这一阶段教育和就业政策的优先事项。③

**3. 为特殊目标群体提供职业教育与培训**

让弱势群体获得新的或提高现有的专业技能是国家就业局（NVA）实施的积极劳动力市场政策之一。根据支持失业者和求职者的立法，弱势群体为：年轻求职者（15 至 24 岁）、退休前年龄（55 至 64 岁）的个人、长期失业者、休完育儿假后重返劳动力市场的个人、残疾人、照顾家庭成员

---

① Latvijas Vēstnesis.Par iedzīvotāju ienākuma nodokli[EB/OL].（1993-06-30）[2022-04-26].http://likumi.lv/doc.php? id=56880.

② Zinta Daija，Gunta Kinta，Baiba Ramiņa.Innovation in VET：Latvia[R].Luxembourg：Publications Office，2014：4-7.

③ Zinta Daija，Baiba Ramina，Inga Seikstule.Apprenticeship-type schemes and structured work based learning programmes：Latvia[R].Luxembourg：Publications Office，2014：2-7.

的个人、前罪犯和吸毒者。[①] 针对在青年保障框架内接受学习和就业支持的目标群体，有关方面出台了一系列举措，如福利部向社会提供广泛的职业教育和社会康复服务；教育和科学部在职教机构为残疾青年实施各种方案；自 2014 年起，国家教育发展局（VIAA）一直通过 ESF 项目为囚犯（15 至 29 岁）组织职业培训，等等。

## 第二节　职业教育与培训治理机制

经过重要教育改革，拉脱维亚职业教育治理机制逐步完善，体现为在内阁统筹下，教育和科学部主要负责，福利部与地方政府等部门、自由工会联合会和雇主联合会及国家教育质量服务局等共同服务各类职业培训。在资金方面，国家预算是职业教育与培训主要来源，其经费也来自地方政府或私人渠道，并接受捐赠，还通过有偿服务创收，但这部分收入须用于机构发展。此外，还包括欧盟、瑞士和挪威等的财政援助及学生学费。在师资方面，拉脱维亚职业教育与培训教师，包括普通学科教师与职业科目教师，都有相应的要求，须遵循专业发展规划。

### 一、职业教育与培训的管理系统

拉脱维亚职业教育与培训由中央和地方共同负责。国家层面，内阁处于最高地位，统筹指导和政策制定，负责国家职业教育与培训的关键部门是教育和科学部（管理学校职业教育）和各类行会组织（管理各类职业培训）。此外，农业部、福利部等部门也为职业教育与培训的发展提供支持。

#### （一）内阁在职业教育方面的职权

内阁制定职业教育战略，既设定职业教育程序、学徒制、职业资格，拟

---

① Latvijas Vēstnesis. Bezdarbnieku un darba meklētāju atbalsta likums[EB/OL].(2002-07-01)[2022-04-26].http://likumi.lv/doc.php? Id=62539.

制相关强制性文件、职业标准、对部门专家委员会的活动及考试中心的质量保证做出规定，还负责认定国内外资格证书，为非正规学习设置清单，授予提供者“职业教育能力中心”的地位，分配教师的国家预算薪水，并履行与职业教育有关的其他职能。①

### （二）教育和科学部在职业教育方面的职权

教育和科学部制定职业教育框架条例和立法草案，规定从国家预算拨款，为其建立的职业教育机构提供资金，确保非正规和非正式学习的有效性，任命职业教育机构负责人，并履行与职业培训有关的其他职能。

### （三）其他部门在职业教育方面的职权

其他部门资助负责的职校，为教师组织持续的专业发展培训，还为成人提供继续职业教育，并为失业者开展职业发展活动和培训，参与设计职业标准。对自己下面的职业培训机构，根据法律行使责任。具体如下：

在教育和科学部监督下，国家教育中心发展基础、中等和继续职业教育，专业和职业导向教育。它制定国家考试的内容，依国家职业教育标准协调学习材料的编写、职业标准的制定和教师的专业发展。②

在教育和科学部监督下，国家教育质量服务局评估职业教育（专业高等教育除外），协调非正规和非正式学习（EQF 2～4 级）的认证等，还负责职教机构及考试中心认证，经认可的职教机构才可申请国家资金。该机构 2013 年被列为欧洲职业教育与培训质量保障工作组常驻机构，成员包括各方专家、协会代表和经拉脱维亚工艺协会授权的用人单位代表，他们从国家教育标准、职业标准、职业分类、法律要求等角度对职业教育教学项目进行评价。

在教育和科学部监督下，国家教育发展局作为联络机构，参与欧盟基金的监管，支持职业教育政策的制定，安排国家级专业技能竞赛，确保各

① Cedefop，Ministry of Education and Science. Vocational education and training in Europe-Latvia：system description[EB/OL].(2021-09-01)[2022-02-27]. https://www.cedefop.europa.eu/en/tools/vetin-europe/systems/latvia-u2.

② Cedefop，Ministry of Education and Science. Vocational education and training in Europe-Latvia：system description[EB/OL].(2021-09-01)[2022-02-27]. https://www.cedefop.europa.eu/en/tools/vetin-europe/systems/latvia-u2.

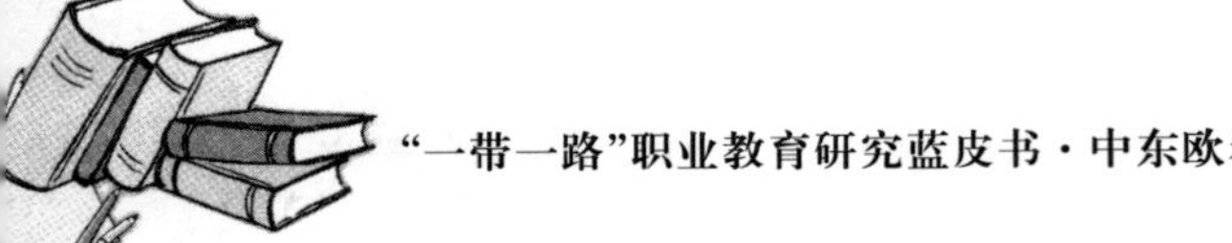


级各类职业院校参加国际竞赛,促进教育政策(含继续教育)的实施。

福利部负责劳动力市场政策的制定,包括培训干预。

国家就业局在福利部监督下实施劳动力市场政策,如针对失业者的方案。

国家职业教育和就业合作三方委员会由各部委、自由工会联合会和雇主联合会于 2000 年成立,任务是审查职业教育、人力资源开发和就业政策建议及法律草案;评估并向有关职业教育与培训的非政府组织提出职业教育的管理、筹资和实施方案;制定职业标准;批准部门专家委员会制定的年度学生注册计划。

就业委员会由经济部、教育和科学部及福利部于 2016 年成立。既负责解决各部确定的任务,也与其他机构共同解决劳动力市场、教育质量和更广泛的人口趋势影响问题。

12 个部门专家委员会成立于 2011 年,职能是为各部的长期人力资源开发提方案,确保职业教育符合劳动力市场需求,包括参与制定部门资格框架、职业标准、质量评估程序、学徒计划等,委员会编写并向教育与科学部提交职业教育招生计划。2015 年部门专家委员会的职能被纳入《职业教育法》,2016 年内阁批准了规定部门专家委员会运作的新条例。①

### (四)地方当局在职业教育方面的职权

地方政府有责任向本地的适龄青年提供职业教育机会,且与工业部、教育和科学部协调,建立、重组或取消职业教育机构,为预算筹措资金,通过协议合理资助国家和地方职业教育机构,并对资金使用情况进行监督,也通过预算购买中等职业教育、职业培训辅助工具,其主管的教育机构的电子资源等。②

---

① Latvijas Vēstnesis. Nozaru ekspertu padomju izveidošanas, darbības un darbības koordinācijas kārtība[EB/OL].(2016-07-25)[2022-05-10]. http://likumi. lv/ta/id/283737-nozaru-ekspertu-padomju-izveidosanas-darbibas-un-darbibas-koordinacijas-kartiba.

② Latvijas Vēstnesis. Profesionālās izglītības likums[EB/OL].(1999-07-14)[2022-05-10].https://likumi.lv/doc.php? id=20244.

### （五）部门专家理事会（SEC，职能是负责政策执行）、工会和其他协会或基金会的职权

部门专家理事会与部门专家委员会不同，部门专家委员会负责各项职业教育文件的具体执行，而部门专家理事会、工会和其他协会或基金会的职权重在提出目标方针与协调组织间的事务。部门专家理事会就职业教育机构所需学生数提出建议；参与职业培训规划，根据劳动力市场要求建立部门资格框架；评估职业标准，委托行业专家制定职业标准、资格要求、项目内容，设计专业资格测试题目；委托部门专家到职业培训机构、考试中心就培训方案及职业资格发放许可证；协调经营者与职业培训机构间的教育合作，包括支持学徒制，对职业培训机构运作的改变提出建议。①

## 二、职业教育与培训筹资机制

《职业教育法》规定了职业教育的资助程序。教育机构根据隶属关系从国家预算、地方预算或私人捐赠中获得资金，国家预算拨款按学生数算，当前，政府致力于将资金模式变为“钱跟学生走”，以促使地方政府实施基于办学绩效的财政规划。② 并且，政府承担固定和非固定成本：(1)津贴（奖学金）；(2)学生宿舍维护；(3)为有特殊需要的学生提供康复和餐饮服务；(4)文化教育和体育活动；(5)企业实践培训及意外事故保险；(6)雇员工资（工资和雇主的国家社会保险金）。③

在高等教育中，国家为成绩好的学生支付一定的学习费用，成绩较差或愿意进入非补贴学习领域的学生可能会被收取学费。地方可在市级体育和音乐职业教育学校收费，教育机构可同时实施不同方案的资助。

---

① Latvijas Vēstnesis. Profesionālās izglītības likums[EB/OL].(1999-07-14)[2022-05-10].https://likumi.lv/doc.php? id=20244.

② Cedefop, Ministry of Education and Science. Vocational education and training in Europe-Latvia: system description[EB/OL].(2021-09-01)[2022-02-27].https://www.cedefop.europa.eu/en/tools/vetin-europe/systems/latvia-u2.

③ Latvijas Vēstnesis. Noteikumi par profesionālās izglītības programmu īstenošanas izmaksu minimumu uz vienu izgltojamo[EB/OL].(2008-01-01)[2022-05-12].http://likumi.lv/doc.php? id=164266.

根据《教育法》,成人教育的经费来自地方政府的预算、雇主资源、学生学费、捐赠及其他,一些地方政府在预算中为成人教育分配固定比例的经费。此外,资金来源还有欧盟、挪威和瑞士的经济援助,包括结构基金和伊拉斯谟+(2007—2013 年终身学习方案),它们通过各种项目为成人创造学习机会。①

表 8-3　职业教育经费来源

| 学校隶属关系 | 教师工资 | 固定费用(*) | 非固定费用(**) |
|---|---|---|---|
| 国家 | SB | SB | SB |
| 地方政府 | SB | LGB/SB | LGB/SB(教师工资除外) |
| 私人 | PF/SB | PF | PF |

资料来源:Latvian Qualifications Database. Latvian Qualifications Database[EB/OL].[2022-05-12].https://www.latvijaskvalifikacijas.lv/en/。

注:SB:国家预算;LGB:地方政府预算;PF:私人资助。*:任务、服务、能源和水、学习用品、设备。**:奖学金、宿舍维护、康复、餐饮、实习、保险、文化教育和体育、工资。

国家和地方教育机构的教师工资由国家支付,地方政府可补充教师工资。对经认证的基础、中等和高等教育的私立学校,国家也可为教师薪水提供资金。

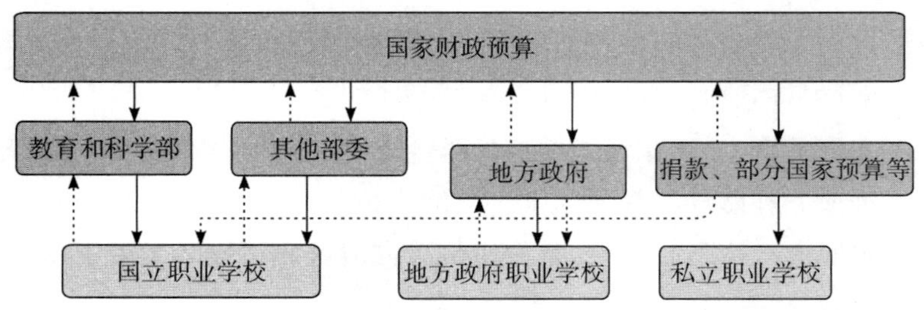


图 8-1　初级职业教育融资方案

① Cedefop. Vocational education and training in Europe: Latvia[EB/OL].(2019-04-05)[2022-05-12]. https://www.cedefop.europa.eu/en/tools/vet-in-europe/systems/Latvia.

## 三、职业教育与培训教师

拉脱维亚职业教育与培训对教师的基本要求是：根据国家职业教育标准和职业标准实施教育，培养学生的创造力和独立性；制定教学大纲（由职业教育机构负责人批准）；在教学中运用新思想、技术和方法；评估学习者的知识和技能。①

### （一）职业教育与培训教师类型及任职条件

拉脱维亚职业教育与培训教师有普通学科教师与职业科目教师，政府条例规定了对教师的初始教育、职业资格的要求及其提高专业能力的程序，没有教学资格的教师必须参加 72 小时的高等教育机构提供的教学课程。

职业教育普通学科教师须满足以下一项条件：(1)具有高等教育学历和特定学科的教学资格或教育硕博士学位。(2)具有相关科学领域的高等教育或特定学科的教学资格（可能在完成过程中）。大多数职业教育教师受过高等教育，自 2010—2011 年以来，随着职业教育机构的减少，职业教育教师人数减少 12%。但接受高等教育的教师比例从 91% 增至 93%。② 根据对由国家教育中心、教育和科学部实施的伊拉斯谟＋项目“为基于工作岗位的学习测试职业教育和培训及工作场所导师的新方法”(2017—2020)的统计，培训的教师一半来自职校，一半来自企业。通过此方式，教师/培训师/导师在交流中共同提升了学科教学能力。

职业科目教师须满足以下一项条件：(1)具有相关领域的高等教育专业资格，或正在完成学业（至少 240 小时的高等教育专业学习），并辅之至少 72 小时的教学能力发展课程。(2)具有中等职业教育（EQF 4 级）、职

① Cedefop. Vocational education and training in Europe: Latvia[EB/OL]. (2019-04-05) [2022-05-12]. https://www.cedefop.europa.eu/en/tools/vet-in-europe/systems/Latvia.

② Zinta Daija, Gunta Kinta, Baiba Ramina. Supporting teachers and trainers for successful reforms and quality of vocational education and training: mapping their professional development in the EU-Latvia[EB/OL]. (2016-09-01) [2022-05-17]. http://libserver.cedefop.europa.eu/vetelib/2016/ReferNet_LV_TT.pdf.

业高中教育或工艺硕士水平资格,辅之至少 72 小时的教育学课程。提供职业基础教育课程的特殊教育机构的职业科目教师须具有教育学和特殊教育教学资格及相关科目或模块的教学资格,每年教学不得少于 360 小时。参与提供学徒制的公司内部培训员必须(自 2019 年 1 月起)具有工艺硕士学位、至少 3 年的职业教育相关工作经验,并接受过 72 小时或专门的 32 小时教学能力发展课程培训。①

### (二)教师的持续专业发展

职业教育教师的专业能力发展主要由国家教育中心负责,国家教育中心隶属于教育和科学部。根据教师教育和专业能力发展规定,职业教育教师应通过持续的专业发展提高能力,教师每 3 年至少要进行 36 小时的持续专业发展培训,且教育机构须在国家教育信息系统的数据库中注册教师的持续专业发展数据。

政府条例设定两种类型的能力发展框架:

(1)72 小时课程,可授予教育学证书、教师职业顾问证书或实施职业教育学科模块权利。

(2)160 小时课程,可颁发教师资格证书。②

## 第三节 职业教育质量保障

通过对拉脱维亚职业教育体系与治理机制的梳理可以发现,其职业教育与培训具有显著的社会伙伴合作、强化职业资格、质量评估认证及法律制度扶持等特点。

---

① Latvijas Vēstnesis. Kārtība, kādā organizē un īsteno darba vidē balstītas mācības [EB/OL]. (2016-07-22) [2022-05-17]. https://likumi.lv/ta/id/283680-kartiba-kada-organize-un-isteno-darba-vide-balstitas-macibas.

② Valsts Izglītības Satura Centrs (VISC).Pedagogu profesionālā pilnveide[EB/OL].(2020-06-26)[2022-05-17]. https://www.visc.gov.lv/lv/jaunumi? category%5B139%5D=139.

## 一、政府部门合作，预测技能需求

拉脱维亚职业教育与培训的发展得益于政府各部门协作。经济部和国家就业局负责提供劳动力市场预测，启动"劳动力市场预测系统的开发"(2016—2021)、"就业人员能力发展"(2017)等项目；国家职业介绍所每年对市场需求报告进行更新，且经济部成立劳动力市场预测咨询委员会，即国家代表、雇主、雇员和地方政府间对话的平台；教育和科学部利用相关数据及部门专家委员会的提案规划职业教育；中央统计局则每年进行四次劳动力调查，按职业分类收集与教育有关的就业数据。同时，成人教育管理委员会与部门专家理事会合作，向职业教育提供或反馈区域劳动力需求等情况。此外，高等教育机构和职教机构毕业生的数据由这些机构自己收集，提交教育和科学部及中央统计局，以便有关方面研究毕业生职业活动的各种情况。

## 二、设置技能资质，实施职业标准

拉脱维亚职业教育与培训的主管机关根据国家职业标准、资格要求和部门资格框架，设计战略目标、基本原则、内容及评估程序，职业教育机构确保提供的课程涵盖职业标准/职业资格要求的特定技能。为应对青年(17 至 29 岁)的高失业率问题，政府推出短期职业教育(1～1.5 年，EQF 3～4 级)，方案实施得到 ESF 项目的支持与 VIAA 的协调，并与国家职业教育和就业合作三方委员会商定方案，由各部门、地方、雇主、雇员、非政府组织和职业教育提供者的代表组成指定工作组制定职业标准和职业资格要求，每 5 年审查一次。[①] 2017 年，《职业教育法》修正案为职业教育模块化制定法律，规定由理论和实践组成的资格考试应根据职业标准和国家职业教育标准设计。2018 年 4 月，15 个部门资格框架获批，这标志着教育工作者和雇主就劳动力市场所需资格达成协议，部门资格

---

① Cedefop. Latvia: sectoral qualifications frameworks support vocational educationdevelopment[EB/OL]. (2018-07-03) [2022-05-28]. http://www.cedefop.europa.eu/en/news-and-press/news/latvia-sectoral-qualifications-frameworks-support-vocational-education-development.

框架是制定职业标准和实施职业教育的指导方针。

## 三、认证评估规范，确保质量服务

所有公共继续职业教育和专业发展计划须获国家教育质量服务局许可。在认证过程中，国家教育质量服务局聘请具有专门知识的外部专家、部门专家理事会代表及雇主代表，评估其是否符合国家教育标准、职业标准或职业资格要求及其他法规；国家教育中心确保符合职业教育标准的（高等教育除外）内容开发，实施用于职业教育国家考试的统一内容，协调教具的开发及教师专业发展。教育和科学部通过以下措施保证质量：制定教育政策；开展教育机构的注册；对教育方案进行许可；监督教育过程。职业教育实施质量评估包括以下指标：(1)教师水平；(2)职业教育参与率、完成率，毕业生就业情况；(3)在工作场所使用的技能；(4)被归类为弱势群体的职业教育参与者的情况等。① 国家资助经申请获得认可的机构开展的面向职业的教育。

## 四、提高补偿力度，认可先前学习

为使职业教育更具吸引力，支持社会伙伴积极参与，拉脱维亚 2011 年启动了先前学习(EQF 2～4 级)认证系统。自 2017 年以来，欧洲社会基金支持补偿失业者和就业者的资格考试等费用。(1)优化成人教育系统。员工与工作相关的知识、技能也可通过非正规教育或短期专业发展课程获得。(2)强化筹资机制。《劳动法》规定雇主应承担他们开展的职业教育的费用。另外，国家公共机构支持由欧盟基金共同资助的技能发展项目，投资和发展署负责协调企业人力资源开发项目，国家就业局协调就业者与失业人员的学习活动，等等。(3)对学习者进行激励。a.每

---

① Latvijas Vēstnesis. Izglītības iestāžu, eksaminācijas centru, citu Izglītības likumā noteiktu institūciju, vispārējās un profesionālās izglītības programmu akreditācijas un izglītības iestāžu vadītāju profesionālās darbības novērtēšanas kārtba [EB/OL]. (2016-12-22) [2022-06-03]. http://likumi.lv/ta/id/287602-kartiba-kada-akredite-izglitibas-iestades-eksaminacijas-centrus-un-citas-izglitibas-likuma-noteiktas-institucijas.

月奖学金。参加公共职业教育课程学习的学生依成绩每月可获 10 至 150 欧元的国家奖学金。没有监护人的儿童及学习优秀的人可获较高奖学金；

17 至 29 岁的青年保障计划短期课程学生每月获欧洲社会基金资助的 70～115 欧元奖学金。根据《个人所得税法》，自 2017 年 1 月起对学徒奖学金的免税额度为每月不超 280 欧元，减少了其应纳税所得额。个人可要求国家税务总局，根据纳税收入减免部分教育、医疗费用，最高每年 600 欧元，含支付给未满 24 岁的兄弟/姐妹/子女的费用，税务部门还负责监督税收优惠政策的执行和落实。此外，专业教育学生可申请学习贷款，以支付学费和生活费。贷款由选定的银行或其他信贷机构提供，国家担保。(4)为学徒制提供财政支持。拉脱维亚雇主联合会启动了一项国家级 ESF 项目(2017—2023)，企业、职校和学生将获得资助。① 其中企业还拥有无须缴税即可支付学生"励志学徒奖学金"的机会，且可通过项目资金为学生购买保险，进行强制性健康检查及支付学徒前往企业的差旅费用。

## 第四节 职业教育与培训现状、挑战、趋势及合作构想

拉脱维亚职业教育与培训由国家监管，2/3 的机构具有职业教育能力中心的地位，并提供非正规和非正式学习及终身教育和持续的教师培训。随着职业教育更多项目的实施，其质量发展颇见成效。

① Cedefop. Latvia: sectoral qualifications frameworks support vocational educationdevelopment[EB/OL]. (2018-07-03)[2022-05-28]. http://www.cedefop.europa.eu/en/news-and-press/news/latvia-sectoral-qualifications-frameworks-support-vocational-education-development.

## 一、职业教育与培训现状

### (一)就影响看,参与学生人数日趋减少,但职业教育与培训质量不断提高

从参与者看,接受职业教育与培训的人数 2016—2020 年分别为 28950 人、28528 人、27161 人、26772 人、27734 人,整体递减。据中央统计局数据,2020—2021 学年初约 27700 名学生接受职业基础教育和中等教育,比上年同期少 34 人;且从 2019 年 10 月到 2020 年 9 月,共 1.09 万名学生参加职业教育课程,同比减少 215 人。同时,2020 年职业教育毕业生数比 10 年前下降 34.2%,不过在注册学生中,30 岁以上学习者增加 0.3 个百分点(11.5%),10 年前,该年龄段的学生数仅占 3.6%。原因在于较低的出生率和移民,这使得总人口中 15～19 岁的年轻人数量下降 34.3%。与此相伴,毕业生人数持续下降,但毕业率在提高,2020 年比 2019 年增加 5.8%。① 整体来说,企业中员工接受职业教育的概率越来越大,认可职业教育的家长和学生日益增多。可见,职业教育发展大有可为。

### (二)就规模看,小型提供者合并为区域职业教育中心趋势明显

鉴于人口结构变化,人口老龄化现象明显,2016—2020 年已录取学生为 12485 人、11625 人、11680 人、11139 人、10924 人;毕业人数为 7805 人、7780 人、7705 人、6370 人、6000 人。② 可见,近年来就学人数逐年减少。这造成了教育资源分配不均,小型职业教育提供者众多、水平参差不

---

① Oficiālā Statistika. Par 3,6% pieaudzis audzēkņu skaits profesionālajā izglītb [EB/OL]. (2021-03-26) [2022-06-10]. https://stat.gov.lv/lv/statistikas-temas/izglitiba-kultura-zinatne/profesionala-izglitiba/preses-relizes/6939-aktualais? themeCode = IGR.

② Oficiālā Statistika. Profesionālo izglītības iestāžu izgtojamie, uzņemtie un beigušie audzēkņi pēc vecumaundzimuma1995—2020[EB/OL]. (2020-03-28)[2022-06-10]. https://stat.gov.lv/lv/statistikas-temas/izglitiba-kultura-zinatne/profesionala-izglitiba/tabulas/ipa010-profesionalo? themeCode=IGR.

齐的情况。因此，为了提高职业教育质量，有关方面对同质性强的学校、机构、培训中心进行了整合。从职教机构总数看，2016—2020 年分别为 65 个、59 个、60 个、58 个、54 个，其中高等教育机构一直是 11 个，基础职业教育机构分别为 51 个、46 个、47 个、45 个、41 个，中等职业教育机构为 3 个、2 个、2 个、2 个、2 个。2020—2021 学年职业教育由 54 个教育机构（包括 41 个职业教育机构）提供。许多小型提供者被合并为提供各种资格和其他服务的区域职业教育能力中心，国立职业学校从 2010 年的 58 家减少到 2018 年的 21 家。①

### （三）就性别看，大专及其以上学历的职业教育中女性人数增多

在 2020—2021 学年的学生中，女性达 45.3%，男性占 54.7%。在自然科学和信息技术类、制造和建筑类专业中，男性比例大，分别占本专业学生总数的 94.4%和 88.2%。而在卫生保健、服务、社会科学、人文科学专业中女性占主导地位，分别为 91.9%、71.3%、70.8%、70.3%。学生性别比例最均衡的是农业，女性为 44.9%，男性为 55.1%。拉脱维亚统计局数据显示，近年来职业教育中女性比例在不断增长，尤其是 2021 年在职业教育中的比例为 44.2%，虽与 2020 年相比略有下降，但仍比 2010 年（39.8%）高 4.4 个百分点，且应用型本科院校中男女比例持平。② 这表明女性的社会地位不断提高，社会对女性的认知也越趋理性，很多职业接纳女性。

### （四）就类型看，引入模块化的职业教育计划且学徒制更加普遍

随着产业类型的不断升级，拉脱维亚社会对职业教育实用性的要求越来越高。其中，33.9%和 22.7%的新生选择学习工程类、服务类的专

① Oficiālā Statistika. Profesionālās izglītibasiestdes[EB/OL].[2022-06-12]. https://stat.gov.lv/lv/statistikas-temas/izglitiba-kultura-zinatne/profesionala-izglitiba/8156-profesionalas-izglitibas?themeCode=IGR.

② Oficiālā Statistika.Samazinājies audzēkŋu skaits profesionālajā izglītīb[EB/OL].(2020-03-25)[2022-06-12]. https://stat.gov.lv/lv/statistikas-temas/izglitiba-kultura-zinatne/profesionala-izglitiba/preses-relizes/2299-aktualais?themeCode=IGR.

业。工程领域，最受欢迎的是机械工程、建筑和土木工程及机械和金属加工；服务领域，学生人数最多的是酒店与餐厅、美容服务课程。① 可见，第二产业和第三产业技能人才需求明显。目前欧洲各国学徒制推行新的职业标准、职业资格框架来支持学习成果的使用，鉴于学徒制更具时效性，拉脱维亚学徒制的实施如火如荼，近年来学徒制主要实施单位是企业行业，且机构众多，接受教育和培训者退学的比例下降；学徒制更普遍、更易于开展，也更适合模块化职业教育计划。

### （五）就时势看，工业 4.0 倡议职业教育与培训向大数据化发展

提高信息技术水平是拉脱维亚融入欧洲数字市场的必要条件。环境保护和区域发展部颁发了《2014—2020 年信息社会发展准则》，为应对工业 4.0，职业教育进行了改革：国家层面，实施模块化职业教育，支持终身学习，每个模块纳入"信息技术"。截至 2019 年，184 个模块中有 81 个已制定，已向 29 所职校交付 115 件模拟设备，80 种学习辅助设备中 38 种开发完毕。此外，"欧盟青年保障协议"项目提供了由国家教育中心为职业教育教师举办的数字扫盲课程，该课程内容与里加技术大学合作开发。学校层面，目前，Saldus 技术学校是拉脱维亚唯一提供数字化服务的职校，其与来自匈牙利、西班牙、德国和立陶宛的伙伴合作，开展伊拉斯谟+项目，促进高等和职业教育机构教师间的合作，为不同群体开发在线协作学习活动，项目已开发 6 门在线数字化学习课程和 3 种培训材料。②

---

① Oficiālā Statistika. Samazinājies audzēkņu skaits profesionālajā izglītīb[EB/OL]. (2020-03-25) [2022-06-12]. https://stat.gov.lv/lv/statistikas-temas/izglitiba-kultura-zinatne/profesionala-izglitiba/preses-relizes/2299-aktualais?themeCode=IGR.

② Zinta Daija, Gunta Kinta, Edmunds Labunskis. Vocational education and training for the future of work: Latvia[M]. Luxembourg: Publications Office, 2020: 10-12.

## 二、职业教育与培训应对挑战的主要举措

### (一)破除边缘化境地,提高职业教育与培训同劳动力市场需求的联系

拉脱维亚职业教育与培训曾不被重视,职业教育与劳动力市场需求缺乏联系,许多职校毕业生缺乏实用技能,或没有接受过实践培训。在2002—2008年间,选择职业教育的年轻人从39%降至34%。[①] 作为回应,拉脱维亚于2009年对职业教育进行了改革,“促进职业教育的兴趣和社会伙伴参与确保职业教育质量”政策的出台标志着该进程的开始,改革强调社会伙伴的参与。一些经合组织国家,如奥地利、芬兰、德国等的经验表明,社会伙伴参与教育培训内容的制定和质量监督可使职业教育对劳动力市场的技能要求做出及时反应。因此,拉脱维亚职业教育与培训应持续强化与社会伙伴的协作,增进职业教育与劳动力市场的联系,扩大就业机会,以提升职业教育与培训的社会影响力。

### (二)破除普职间鸿沟,建立有效的职业信息指导系统

拉脱维亚高中教育分为普通学校和职业学校,职业学校被忽视。近期改革中拉脱维亚学校不断重组,许多规模较小的职校与小型普通教育学校或技术学院合并,以更好地为区域劳动力市场服务。如里加旅游及创意工业技术学院是拉脱维亚最大的职校,提供从小学到普通和职业高中教育,同各类合作者(包括地方和国家)签订了1500项协议。[②] 为使高中普通教育和职业途径间更具渗透性,应使职业和普通高中教育学生所占比例均衡。拉脱维亚虽为学生提供双重资格途径,但认证复杂,且拉脱维亚职业指导服务力量薄弱。国家就业局和国家教育发展局共同承担职

---

① Cabinet of Ministers. Profesionālās kvalifikācijas eksāmenu norises kārtība akreditētās profesionālās izglītības programms[EB/OL].(2011-06-11)[2022-06-17]. http://likumi.lv/doc.php? id=235206.

② Zinta Daija, Gunta Kinta, Edmunds Labunskis. Vocational education and training for the future of work: Latvia[M]. Luxembourg: Publications Office, 2020: 18-19.

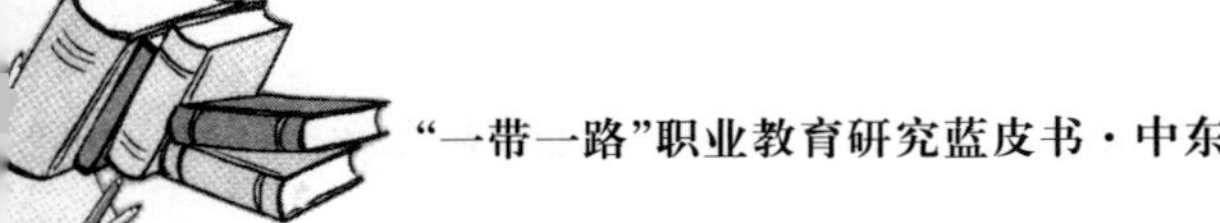


业指导责任,前者为登记的求职者提供指导服务,后者负责在校生的指导,年轻人在义务教育的8、9年级才有机会获得以学校为基础的职业咨询和指导。因此,完善有效的职业信息和指导系统很关键,这可使人的技能和兴趣与现有的工作和学习机会更好地匹配,帮助劳动力市场和教育系统以最佳的方式利用人力资源。

### (三)破除正规化禁锢,打造模块化的职业教育和课程

拉脱维亚政府强调,无论职业教育结构如何,个人均应当尽可能获得参与社会和经济活动所需的各种技能。然而,高中课程和教学传统却跟不上劳动力市场对毕业生的需求,这就必须促进承认通过非正规教育系统获得技能的教育形式。故开展与雇主的密切合作并向成年人提供继续教育的正规和非正规教育及培训是职业教育提质增优的重点,可让成年人在传统教育系统外获得职业能力,缓解培训与工作日程间的冲突。此外,拉脱维亚职业教育的内容须采用灵活的模块化方法,将以知识为基础的课程转变为以能力为基础的课程,且需要重新考虑职业学校课程中必修普通科目的数量并制定专业标准,使课程内容水平描述与欧盟教育资格框架保持一致,以基于学习成果的单元锻炼学习者的一般能力,通过补充性专业模块帮助学员在行业内获得特定能力。故应破除正规教育束缚,支持模块化职业教育与培训课程各类学习的互动。

### (四)破除技能性障碍,支持雇主参与基于工作岗位的学习

以工作为基础的学习在满足劳动力市场需求方面起重要作用,也是雇主需求的直接体现,在拉脱维亚,职业教育主要在学校进行,只有少部分机构中的年轻人将工作和学习结合起来。拉脱维亚政府认识到此问题,将基于工作的教育纳入职业教育方案。目前正开展基于工作岗位的学习试点项目,试点包括在校企之间分担教学(理论)和培训(实践)的责任、国际合作,但这与现有的手工艺商会组织的学徒规定不同,也是影响职业教育与工作相结合的因素之一。同时,学徒制不属于正规教育制度,其资格不能进入受管制的职业与正规教育系统,在完成学徒期之前辍学

的人没有继续学习的机制。[①] 因此,需要将现有的长期学徒服务纳入拉脱维亚的教育制度,使职校能与公共和私营部门更多的雇主建立伙伴关系。

### (五)开创数字化新局,加强评估监测与终身化的学习

拉脱维亚工业 4.0 推动职业教育 4.0 学习实践,故在拉脱维亚职业教育与培训中,数字化应用极为关键。一方面,目前关于地方当局提供的非正规教育和培训机会及其质量的信息很少,缺乏数据和信息监测。因此,拉脱维亚职业教育与培训改革需要建立关于职业教育的数据收集和评价分析系统,以对教育、技能和一般劳动力市场进行更多研究。另一方面,终身教育是经济发展和提高国家竞争力的先决条件,可让公众有机会根据劳动力市场的要求、个人所需获得知识和技能。然而,拉脱维亚终身学习是一个多头管理的领域,不同的政府机构负责与利益攸关方合作执行终身学习战略。[②] 因此,需要利用数字化整合资源,构建一体化终身学习机制。

## 三、职业教育与培训未来趋势

在拉脱维亚,职业教育与培训和成人学习是国家政策的重点。根据上述各项内容,在此,我们对其发展趋势进行分析:

### (一)继续加强与社会伙伴的合作,延展职业教育与培训的覆盖面

增进社会伙伴参与,提高职业教育吸引力。第一,政府赋予部门专家理事会权力并使其专业化是根本。教育主管部门基于工作岗位的学习试点是积极作为,需要职校、企业和培训机构等建立牢固的伙伴关系,同时,要进一步扩大试点,评估以工作为基础的学习模式在拉脱维亚的可行性。

---

① Cedefop. Skills forecast 2020: Latvia. Cedefop skills forecast [R]. Luxembourg: Publications Office, 2020: 31.

② Zinta Daija, Gunta Kinta, Edmunds Labunskis. Vocational education and training for the future of work: Latvia[M]. Luxembourg: Publications Office, 2020: 21-22.

第二,政府可把手工艺商会等行业企业组织的现有学徒制度,纳入正规教育。并且,以工作为基础的学习制度须纳入《教育法》,规范学徒与雇主间的关系。① 第三,须建立财政奖励制度,便利雇主提供学习机会,对基于工作岗位的学习承担责任。第四,须更关注监测和评价。为加强相关机构管理信息系统和政策分析的能力,可引入一些新的数据源和研究工具,使其能通过行业企业等社会伙伴参与教育及学生进入劳动力市场以后的进展,监测劳动力市场变化和地方以及部门的反应,关注雇主行为和技能需求。

### (二)继续深化普职教育的整合度,构筑职业指导与信息资讯平台

应进一步整合普职方案,确保学生得到最佳教育。第一,地方政府与教育和科学部应继续促进组织和教育创新。将高中课程改革为以能力为基础的课程,考虑职业课程中必修普通科目的数量,并探讨除纸质测试外,加强双重资格认证的可能性。第二,健全职业指导制度。在国际上,数字技术正在推动职业指导领域的创新,一些国家建立了以职业为重点的国家网站,也有国家拥有专门介绍教育系统不同方面的网站。拉脱维亚需要继续打造类似的青年职业门户网站,涵盖个人用户简介、职业兴趣和自我评估功能,帮助用户确定适当的教育或职业机会。第三,开发职业指导和信息课程作为各教育阶段的必修课,所有教师都应当接受一些有关劳动力市场状况的培训。在初中教育中,学生可在学校选择学习不同职业的课程及参与有关的教育和培训。在义务教育结束时或高中阶段,可通过短期实习使青年人有机会体验不同类型的工作,等等。

### (三)继续拓宽非正规教育的形式,健全模块化职业教育运行机制

为使职业教育更具吸引力,帮助或减少退学者以及促进从正规教育外获得技能,可采取以下措施:第一,制定职业标准,使其与欧洲资格框架保持一致。国家教育中心可继续领导职业教育模块化工作。第二,确定

① Cedefop. European inventory on validation of non-formal and informal learning 2018 update: Latvia[R]. Luxembourg: Publications Office, 2019: 7-10.

成人学习模块，支持初等职业教育和培训间互动。拉脱维亚的高中课程可分为普通和职业方向的核心科目和选修科目，应注重互动性和实用性的学习形式。第三，以知识与技能为主导开展校内外学生评估和考试。

### （四）继续扩大学徒制项目的试点，增进职业世界与理论学习的融通

鉴于中小企业和微型企业在经济中所占的比例很大，扩大以工作为基础的学徒制学习是趋势。第一，通过以工作为基础的学习试点评估雇主是否愿意采用正规的学徒模式，以此提供全日制和非全日制职业教育方案。第二，激励中小企业提供高质量的学徒制培训。可通过基于部门的集体培训协会建立学徒库，对提供培训的雇主免税，同时刺激工资持续增长并改善工作条件，留住人才，促进国内外教育机构等平台的协作，以此吸引国内外熟练工人等。[①] 第三，建立适当的法律框架。通过法律，可以规范雇主做好自己的工作，提供培训名额并开展质量监督等行动，对新的工作型学习模式承担责任和义务等。部门专家理事会可在加强与雇主的联系和扩大培训企业库方面继续发挥作用。

### （五）继续搭建终身学习教育体系，完善数字化教育质量评测反馈

支持促进终身学习文化，需要国家和地方各级部门、职校、公司以及非政府组织等利益攸关方协作。第一，技能终身学习政策的成功取决于国家和地方各级部门的教育行动，包括加强对技能终身学习衔接的监督、改进，以及各级政府的合作。第二，创建区分短期和长期政策行动的时间表。应考虑政策行动的复杂性、执行所需的投入以及负责方有效利用资金的能力，评估资金的可持续性，制订应急监测执行方案，包括人力和财政资源分配、教育和技能系统如何运作及技能投资回报。第三，将拉脱维亚职业教育与培训的各种数据库打通，建立综合监督与反馈机制。应探索采用各种数字技术，如数据收集软件、学校信息系统、数据库管理系统等进行监测的方法。研究机构应分析实施教育发展机制的进展，定期发

---

① Cedefop. International mobility in apprenticeships: focus on long-term mobility: Latvia[R]. Luxembourg: Publications Office, 2020: 12-13.

布报告;政府可定期公布有关劳动力市场不断变化的技能需求;雇主可使用这些数据了解他们在提供培训方面与其他机构的差距,还可监测面临的挑战和机遇;个人和职业指导顾问可确定技能短缺职业。培训提供者还可利用这些结果调整方案,使其与雇主和部门需求一致。

## 四、我国与拉脱维亚在职业教育方面的合作构想

当前,适用型人才的培养是加深国际合作的有力保障。尤其结合拉脱维亚职业教育体系、治理机制及质量保障特征可知,拉脱维亚职业教育与我国职业教育类似,都处于提质增优阶段。由此,两国在职业教育方面的合作面临着新机遇,我国可聚焦于政策动力、内容机制、创新潜力及项目开发等,在这些方面发力。

### (一)政策动力:深化制度引领,加快合作进度

政策支持是两国职业教育合作的必要条件。首先,要完善整体合作架构。一是在原有合作基础上,根据国家间经济发展实际,明确阶段目标,绘制区域间职业教育发展的国际培训中心、产能人才实训基地等蓝图。二是健全组织架构。国家方面可由教育部职成司、国际合作与交流司主持,其他部委协作,设计教育合作方案;省一级方面则结合地缘优势,精准定位,由相关部门统筹辖区职业教育攸关主体的国际合作职责。其次,优化国际合作常态化制度环境。一是借鉴他国此方面的国际合作经验;二是设置促进职业教育国际合作的法律、政策等制度,以为落实目标、主体责任及实践举措提供参考;三是立项专门交流基金,可采取双方政府、企业及不同国际组织等多元共助的形式筹建。

### (二)内容机制:适应人才需求,共建互惠体系

互惠互利的内容机制是两国构筑优质的职业教育合作关系的枢纽,需要建立多点联结。首先,共建聚焦人才市场供给需求的数据库。一是数据须体现适应性、实时性。智能化时代国际行业人才培养应承载公共价值、产业价值及文化价值,以所涉及行业企业为核心,分析职业结构、人才类别及技能资格等,保证利益攸关方上报时效性强的资讯。二是举办各类职业教育与培训机构。参照对接产能合作领域职业,开设培训机构,

配置师资、设备、工位等资源。其次,体系制定覆盖全面。一是结合各类职校、相关企业、信息库及科研机构需求,就师资交流、教材贯通、学分转换及证书互认等进行细节考量。二是健全质量保障机制。(1)设置激励举措,执行多样的优惠政策,保障主体参与的持续性;(2)决策过程能公平地衡量利益主体诉求,有效协调组织、执行、考评、奖惩等具体工作;(3)加强督导职能,建立科学的评估机制,设定指标,严查境外合作院校与项目资质,对已执行的项目开展不定期检查等。

### (三)创新潜力:秉承安全流通理念,挖掘服务空间

在信息技术发展的背景下,职业教育国际合作须在两国关系安全基础上创新模式。首先,应发布"中国—拉脱维亚"区域范围人才流动方案。一是开放人才的有序空间流通,科学组织教育培训贸易。规范教育资源跨境合作的边界,严格对职业教育国际服务质量的审查、监测等。二是倡导跨境教育、精品 MOOC 及线上学习班等合作内容,深化国际交换生、实践访学等内容。三是畅通微证书和微认证渠道。我国可依据两国及国际上对具体行业的资格标准等,缔造普适性的质量认证与跨域学习成果转换模式。其次,要增强多主体协同方式。一是重视网络安全维护,避免国际合作教育市场的网络信息侵害;二是凝汇省域优质职业教育资源,鼓励相关主体积极参与,经验丰富的区域可带动其他区域职业教育扩展国际合作;三是职业教育的跨界性要求国际职业教育合作也可加强跨境校企合作,且职校之间也可主动合作,以校校联合方式提升职业教育服务国际合作的能力。

### (四)项目开发:对标质保规格,打造实践品牌

国际间的职业教育合作开放,需要在两国各机制间挖掘互补优势。首先,要契合""中国—拉脱维亚"两国的教育标准实际,构建技术技能人才共同体。一是职业教育要对接两国职业资格要求,培育学生的国际视野,提倡与跨国企业合作,采用订单班形式培养学生,或借助海外实习项目增强学生向国际劳动力市场迈进的意向,并吸收境外职校生来华学习。二是可联合举办国际型职业技术大学,层次囊括专科、本科、研究生等学历教育。三是创设职业教育合作经验分享、借鉴平台,把优质理念与资源引入区域更多方面。其次,依托项目研究,拓展品牌持续性。一是设立国

际职业教育合作研究专项。遴选其中的主要问题，给予专项经费，通过公开招标开展项目，并支持配套建设。二是积极组建跨境、跨专业、跨组织的立体式研究团队，巩固机制协同创新，增进职业教育理论与合作实践的融通，为国际合作利好升级提供支撑。

# 结语 探索建立中国—中东欧职业教育跨域合作机制

在跨域合作中,合作机制是对跨域合作作用方式的系统性规定,综合跨域合作基本理论框架及中国—中东欧职业教育跨域合作的实践,中国—中东欧职业教育跨域合作应建立合作认同机制、合作主体协作机制、合作利益机制及合作协同机制等四大机制。

## 一、建立合作认同机制,实现文化认同与规范互通

认同理念是中国—中东欧职业教育跨域合作的基石,合作认同机制的构建可以减少在合作治理过程中由于文化认同和规范不同而带来的摩擦,提高跨域合作效率。首先,通过教师互派、学生互换、学术研讨等形式开展文化体验、社会实践、技术技能交流等活动,弘扬中国和中东欧国家的传统文化及其现代传承,可以营造基于跨越不同国家与民族界限的多元文化认同的职业教育合作氛围。其次,来华留学生招收与培养、职业教育援外培训项目等对促进中国—中东欧民心相通及培养知华友华爱华国际青年具有重要作用。因此,政府可实施区域性的面向中东欧国家的"留学行动计划",通过建立境外生源基地加强留学生生源市场开发、创新留学生培养模式、提升留学生服务质量等途径,提升面向中东欧国家的留学生招收与培养质量。再次,政策制度及组织规范有利于加强合作的凝聚力与向心力,政府部门需要加强职业教育合作顶层设计,在地区、次区域、双边等层面制订制度化合作计划,加强职业教育治理与合作的统筹协调,协助破解合作中职业资格框架、协同机制、境内外利益博弈等层面的挑战,从制度和规范上建立合作认同机制。

## 二、建立合作主体协作机制,实现行政与专业共同体协调

中国—中东欧职业教育合作是一种增量治理,通过发挥中国—中东

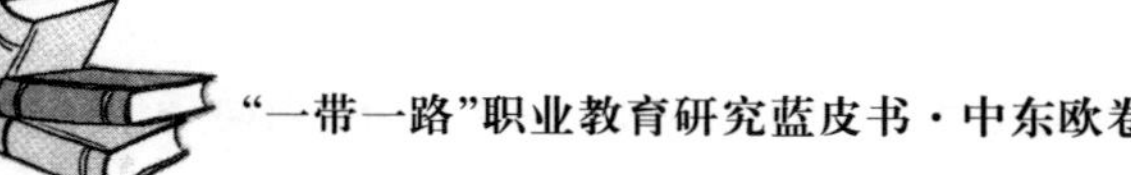


欧共同体内部多个子系统的自组织作用以实现更高效率。中国—中东欧主体层面的合作机制主要包括合作行政共同体的建立、专业共同体的建立及其相互协同等内容。首先，建立职业教育行政共同体。当前我国已与中东欧建立了政府间的合作机制，涵盖了贸易、投资、教育、数字化等领域，这为中国—中东欧职业教育开展合作提供了诸多便利，但随着职业教育与产教融合发展重要程度的日益提升，亟须建立中国与中东欧职业教育领域的行政共同体，为职业教育合作交流提供充分的组织保障。其次，建立多个专业共同体。职业院校与企业可根据中东欧各国 GDP 发展、三产比重及职业教育发展等信息，联合国内同类专业（产业）的职业院校（企业）与中东欧国家相应专业组织建立多领域专业共同体。再次，建立行政共同体与专业共同体间良好的沟通协调机制和权责分配机制。要做到这一点，就需要政府对共同体的资源和价值进行权威性分配并科学分解管理权，使各共同体在各自核心优势范围内做出相应决策，做到权责对等，稳定灵活。

## 三、建立合作利益机制，实现利益驱动与利益共享

中国—中东欧职业教育跨域合作不仅涉及中国和中东欧国家及院校间的合作利益，还涉及职业院校与企业间的利益，因此，利益机制主要包括利益激励机制、利益共享机制、协商与补偿机制及产教融合利益机制等内容。首先，建立利益激励机制。在中国—中东欧职业教育合作治理的过程中，对政府部门的激励可通过将中国—中东欧职业教育合作纳入国际交流重大事项、纳入国际组织活动等方式，激发其积极出台政策、提供经费及推出相应举措支持合作。对职业院校的激励可通过绩效评价、项目遴选、优先原则等方式，提高院校对合作治理的预期和信任。其次，建立利益共享、协商和补偿机制。中国—中东欧职业教育跨域合作中应充分关注利益共享、协商与补偿机制的建立与运行，这是关系跨域合作能否有效的重中之重的内容。再次，调节企业利益驱动机制，实现宏观获利与微观获利相结合的利益最大化。一方面要明确多元利益主体的权责关系，为合作奠定基础，另一方面要协调好企业宏观利益与微观利益，明确企业参与职业教育国际合作的微观利益在于企业“走出去”的试水成功、当前人力资源需求的供给满足等近期利益，而宏观利益在于企业在中东

欧国家落地生根、行业标准融入中东欧国家相关行业领域及职业教育发展、企业资源在中东欧国家进一步拓展等长远利益。

## 四、建立合作协同机制,实现产教融合与多元参与

中国—中东欧职业教育合作实践表明,中国—中东欧职业教育的合作呈现产教融合的特征,亟须创新能适应于行业企业等社会多元主体参与的产教协同机制,助力多元参与的中国—中东欧职业教育合作不断扩大。首先,借助中东欧已有的合作办学职业院校及中资企业信息与资源,建立境外相关资源要素整合机制。政府部门应当与中东欧较为成熟的产业园区、华人华侨组织等平台建立密切联系,为境内外企业与职业院校合作牵线搭桥。其次,在已有的产教协同合作的基础上建立产教协同平台机制,在校企联结较为紧密、条件较为成熟的中东欧国家尝试联合大型工业园区、头部企业、商会、孔子学院、当地中小企业和职业院校等资源,建立职业教育集团,拓展校企联结的渠道,加强校企联结的紧密度。再次,地方教育、经信等行政部门可在梳理中东欧中资企业基础上,联合职业院校建立校企信息共享机制,搭建校企双方协同"走出去"的信息交互平台,通过发布中东欧国家的相关政策法规、行业动态、企业人才需求、教育现状等相关内容,消除境内外、学校与企业信息不对称的屏障。

# 后记

2022年，中国—中东欧国家合作机制正式建立十周年。十年来，中国—中东欧国家在经贸、人文等多个领域取得了丰富的合作成果。随着经贸合作的深入，教育合作也必将不断深化。为深入了解中东欧国家职业教育发展情况，宁波职业技术学院发展中国家职业教育研究院组织团队开展国别研究，经过不断努力，本书终于得以正式出版。

本书的完成是团队合作的结果。"引言"由宁波职业技术学院王琪撰写，"波兰职业教育"由宁波职业技术学院张振撰写，"克罗地亚职业教育"由兰州大学叶子凡、黎军撰写，"罗马尼亚职业教育"由宁波职业技术学院江春华撰写，"塞尔维亚职业教育"由浙江工商职业技术学院李媛媛撰写，"匈牙利职业教育"由内江师范学院车如山、兰州大学郭方义撰写，"保加利亚职业教育"由顺德职业技术学院罗丹、关浩宇、苏适仪等撰写，"斯洛文尼亚职业教育"由宁波职业技术学院王荧婷、王琪撰写，"拉脱维亚职业教育"由信阳学院张彩娟撰写，"结语"由宁波职业技术学院张菊霞撰写。全书由任君庆、王琪负责框架设计并完成统稿工作。

本书出版得到多方的支持。感谢宁波职业技术学院领导为我们的研究提供良好的科研平台和条件保障，感谢外事、科研等部门为我们实地调研、课题研究推进提供的支持和帮助；感谢厦门大学出版社牛跃天编辑为本书出版付出的辛勤努力。

由于资料搜集难以全面、研究能力有待提升等各种因素所限，我们的研究还存在着诸多问题，不足之处还请相关领域的专家学者批评指正。

作者

2022年11月